·LÄR DIG
JAPANSKA
för nybörjare

I0458689

LÄR DIG
Hiragana

STUDIEGUIDE & SKRIVÖVNINGAR

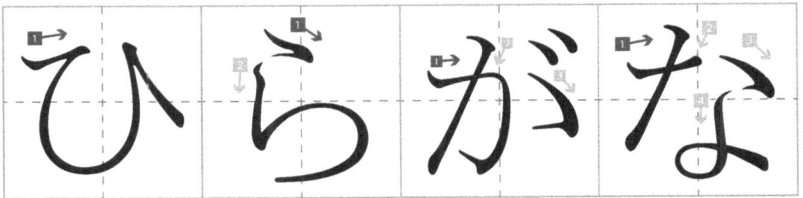

POLYSCHOLAR

www.polyscholar.com

INNEHÅLL

Tips: Den här boken fungerar bäst med gelpennor, blyertspennor, kulspetspennor och liknande skrivredskap. Var försiktig med tuschpennor och bläck, eftersom tjockt eller vått bläck kan tränga igenom pappret eller överföras till sidorna under. Här finns några testrutor där du kan prova hur bra dina pennor fungerar:

ATT LÄRA SIG JAPANSKA

Det första steget i att lära sig läsa, skriva och tala japanska är Hiragana! Det råder ingen tvekan om att det kan kännas överväldigande i början att se så många olika symboler och tecken. Den här boken är utformad för att göra det enklare och snabbare att komma in i

Vi börjar med att gå igenom lite grundläggande bakgrundsinformation för att ge dig en bättre förståelse för hur hela språksystemet fungerar. Efter en kort titt på de olika "alfabeten" (ja, det finns mer än ett!) går vi direkt vidare till att lära oss Hiragana!

HUR DU ANVÄNDER DEN HÄR BOKEN

Precis som när man lär sig vilket språk som helst är upprepning ett av de snabbaste sätten att ta till sig kunskapen. Den andra delen av denna övningsbok innehåller många noggrant utformade instruktionssidor som hjälper dig att lära dig skriva varje tecken, med utrymme för att öva på dina japanska skrivfärdigheter:

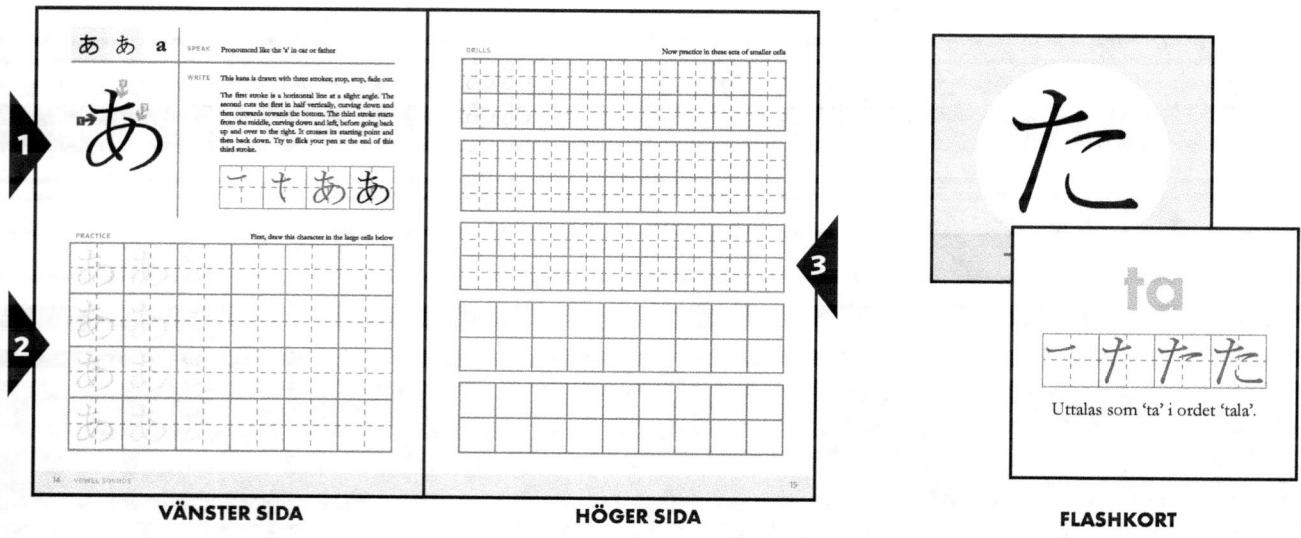

VÄNSTER SIDA   **HÖGER SIDA**   **FLASHKORT**

Den tredje delen av denna övningsbok innehåller extra rutnät som du kan använda efter att du har lärt dig att skriva några (eller till och med alla) av Hiragana-tecknen. Dessa sidor kallas traditionellt Genkouyoushi (eller . . . på japanska), vilket betyder "manuskript-

TDen sista delen av denna övningsbok innehåller ett set med sidor i flashkortsformat som du antingen kan kopiera eller klippa ut. De är ett utmärkt sätt att hjälpa dig memorera symbolerna och testa dina kunskaper. Yngre elever bör be en vuxen om hjälp med att klippa ut dem!

JAPANSKA SKRIFTSYSTEM

När du lär dig japanska kommer du att stöta på fyra mycket olika typer av skriftsystem (eller alfabet). Det kan låta komplicerat, men det kommer snart att bli tydligare – särskilt eftersom du redan kommer att förstå ett av dem!

RŌMAJI ロマンジ

Som bokstavligen betyder "romerska bokstäver" är detta egentligen bara en återgivning av det japanska språket med hjälp av bekanta engelska bokstäver. Det används endast för att översätta språket till en form som icke-japansktalande kan förstå. Det är inte särskilt vanligt i vardagligt bruk.

De tre andra skriftsystemen – Hiragana, Katakana och Kanji – används hela tiden och kombineras vanligtvis för att bilda ord och meningar i vardaglig japansk skrift. Varje skriftsystem har sitt eget syfte, och tillsammans visar de vad orden betyder, var de kommer ifrån och hur de ska uttalas.

HIRAGANA ひらがな

あいうえおかきくけこ

Detta är det första skriftsystemet vi bör lära oss, och det består av enkla tecken med runda former. Till skillnad från det engelska alfabetet är det ett fonetiskt skriftsystem där varje tecken representerar ett staveljud. Varje gång du ser ett visst tecken vet du hur det uttalas.

KATAKANA カタカナ

アイウエオカキクケコ

Detta är också ett enkelt fonetiskt skriftsystem. Katakana representerar samma staveljud som Hiragana men används för ord som lånats från andra språk, till exempel utländska namn, modern teknik eller mat. Tecknens utseende är mer kantigt och spetsigt.

KANJI 漢字

Översatt som "kinesiska tecken" är Kanji tecken som lånats från det kinesiska språket. Till skillnad från de andra skriftsystemen som representerar ljud, visar Kanji-symboler betydelseenheter – hela ord eller allmänna idéer om något.

年 本 月 生 米 前 合 事 社 京

Det finns bokstavligen tusentals Kanji, och nya skapas hela tiden, så de är en riktig utmaning även för de mest avancerade språkvetarna. Det finns dock en viss logik i hur de är uppbyggda, så med tiden kan du förstå eller gissa dig till betydelsen av tecken du inte har sett tidigare.

EN TITT PÅ HIRAGANA

Det finns 46 grundläggande Hiragana-tecken som, till skillnad från engelska bokstäver, var och en representerar ett eget talat ljud istället för en bokstav. Nästan alla dessa ljud baseras på bara 5 "vokalljud" – när du ser hur det fungerar kommer det garanterat att kännas mycket lättare!

Hiragana	あ	い	う	え	お
Romaji	a	i	u	e	o
Uttal	'ah'	'ee'	'oo'	'eh'	'oh'

De Fem Vokalljuden

Den här boken visar dig hur du skriver alla grundläggande Hiragana och även hur extra ljud kan skapas genom att kombinera de grundläggande tecknen. I slutet av boken kommer du att kunna skriva de tecken som täcker majoriteten av de ljud du behöver för japanska.

De kommande sidorna innehåller mycket information, men försök att inte låta det kännas överväldigande. Förutom tabellen med de grundläggande Hiragana-tecknen som du kommer att lära dig, går vi igenom några av de grundläggande reglerna för hur dessa tecken kombineras. Och sedan sätter vi pennan mot pappret!

Detta schema visar de 46 grundläggande Hiragana-tecknen med stavning i Rōmaji för ett liknande fonetiskt ljud. Vokalljuden finns längst upp och deras motsvarande versioner med konsonantljud visas nedanför. Observera undantaget 'n' – dessutom är *wo ett ovanligt kana.

Vokalljud

Konsonanter	a	i	u	e	o
	あ a	い i	う u	え e	お o
k	か ka	き ki	く ku	け ke	こ ko
s	さ sa	し shi	す su	せ se	そ so
t	た ta	ち chi	つ tsu	て te	と to
n	な na	に ni	ぬ nu	ね ne	の no
h	は ha	ひ hi	ふ fu	へ he	ほ ho
m	ま ma	み mi	む mu	め me	も mo
y	や ya		ゆ yu		よ yo
r	ら ra	り ri	る ru	れ re	ろ ro
w	わ wa		ん **n		を *wo

DIAKRITISKA TECKEN

Utöver de grundläggande Hiragana finns det 25 diakritiska tecken. De används för stavelser med liknande ljud som uttalas med ett annorlunda tonläge. Det är i princip samma grundläggande tecken, men med extra markeringar som visar att de ska uttalas med ett något förändrat ljud:

Grundläggande   *med Dakuten*   *med Handakuten*

Grundläggande Hiragana med dessa små streck (Dakuten) eller en cirkel (Handakuten) ovanför visar att konsonantdelen av ljudet ska ändras när det uttalas:

- K-ljuden uttalas som g-ljud, ungefär som i svenska ordet 'gås'.
- S-ljuden ändras till z-ljud, ungefär som s-ljudet i svenska ordet 'ros' när det uttalas snabbt し.
- T-ljuden blir till d-ljud, ungefär som skillnaden mellan 'tak' och 'dak' om man säger det med mjukare ton.
- H-ljuden blir till b-ljud med Dakuten – eller p-ljud med Handakuten, ungefär som skillnaden mellan 'hon' och 'bon' respektive 'pon'.

	a	**i**	**u**	**e**	**o**
k ▸ g	が ga	ぎ gi	ぐ gu	げ ge	ご go
s ▸ z	ざ za	じ ji	ず zu	ぜ ze	ぞ zo
t ▸ d	だ da	ぢ dzi (ji)	づ dzu	で de	ど do
h ▸ b	ば ba	び bi	ぶ bu	べ be	ぼ bo
h ▸ p	ぱ pa	ぴ pi	ぷ pu	ぺ pe	ぽ po

DIGRAFER

Denna uppsättning tecken kallas digrafer – genom att använda två grundläggande tecken som vi redan har sett, visar de hur två stavelser kombineras för att skapa ett nytt ljud:

き + や = きゃ
(ki)　(ya)　　(kya)

När man skriver dessa tecken är det viktigt att det andra tecknet ritas märkbart mindre än det första. På så sätt kan vi se att de två ljuden ska kombineras.

Uttalet av dessa så kallade sammansatta Hiragana-ljud är ganska enkelt – till exempel, ki (き) + ya (や) blir kya (きゃ) och uttalas som "kya" utan det extra "i"-ljudet.

Låt inte tabellen nedan skrämma dig – alla digrafer bildas uteslutande med tecken från ./i-kolumnen (utom sig själv) och modifieras endast med tecken från rad Y!

きゃ kya	きゅ kyu	きょ kyo	ぎゃ gya	ぎゅ gyu	ぎょ gyo
しゃ sha	しゅ shu	しょ sho	じゃ ja	じゅ ju	じょ jo
ちゃ cha	ちゅ chu	ちょ cho	にゃ nya	にゅ nyu	にょ nyo
ひゃ hya	ひゅ hyu	ひょ hyo	びゃ bya	びゅ byu	びょ byo
ぴゃ pya	ぴゅ pyu	ぴょ pyo	りゃ rya	りゅ ryu	りょ ryo
みゃ mya	みゅ myu	みょ myo			

DUBBLA KONSONANTER

Vi behöver också vara medvetna om att vissa japanska ord innehåller ett dubbelt konso-
nantljud. När de skrivs innehåller dessa ord ett extra tecken i form av ett litet つ/tsu (kallat
sokuon) som visar att det ska uttalas på ett annat sätt. Låt oss titta på ett exempel:

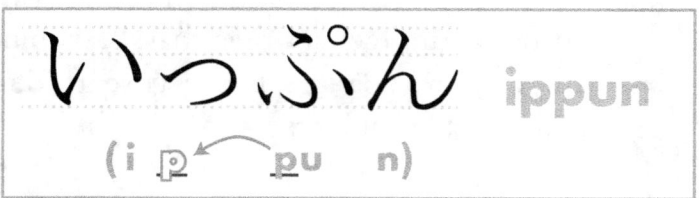

Utan det lilla つ (*tsu*), ordet いぷん (*ipun*)
har ingen betydelse men いっぷん
(*ippun*), med *sokuon*, betyder (en) minut.

Observera att det lilla つ/tsu placeras framför tecknet som får det extra konsonantljudet.
När du ser ord med denna modifierare läggs konsonantdelen av tecknet som följer (i detta
exempel "p" från "pu") till i slutet av ljudet före.

Båda konsonanterna måste höras separat när ordet uttalas, som när man säger "ip-pun",
men utan att lämna ett hörbart mellanrum.

LÅNGA VOKALLJUD

Precis som det finns dubbla konsonantljud, behöver vi också vara medvetna om förläng-
da vokalljud (t.ex. aa, ii, oo, ee och uu). När man talar förlängs helt enkelt ljudets längd
(vanligtvis dubbelt), men när dessa ord skrivs visas det långa vokalljudet med ett extra
tecken (kallat chouon). Vilket tecken som används beror på vilken vokal det gäller:

Vokal	Förlängare
a	あ
i / e	い
u / o	う

Här är ett exempel som visar hur ordets betydelse ändras genom att
lägga till (eller ta bort) den längre vokalen!

*Det japanska språket är fullt av undantag, men de lärs oftast med erfarenhet. För nu är det bara bra att
vara medveten om dubbla konsonanter och vokaler, så att du förstår när du stöter på dem!*

SKRIVRIKTNING

Traditionellt skrevs japansk text i vertikala kolumner och lästes en kolumn i taget från topp till botten, med början på högra sidan av sidan. Sedan slutet av andra världskriget används den mer bekanta horisontella orienteringen – läsning från vänster till höger, precis som på engelska. Detta gäller alla de olika skriftsystemen.

Texten i dessa exempel är identisk, förutom läs- och skrivriktningen:

1.
私は犬を飼っています。
彼女は行儀が良い。
彼らは寝るのが好きです。
多くの場合、一日中。
多分彼女は怠け者です。
2.

Tategaki
縦書き
(vertikal skrift)

1.
2. 私は犬を飼っています。
彼女は行儀が良い。
彼らは寝るのが好きです。
多くの場合、一日中。
多分彼女は怠け者です。

Yokogaki
横書き
(horisontell skrift)

Båda dessa stilar är accepterade och väljs ofta beroende på dokumentets layout och design. Generellt används vertikala layouter för traditionella texter, medan horisontell text finns i mer moderna, officiella dokument eller skrifter. En sak att komma ihåg är att böcker med tategaki-stil (vertikal skrift) är bundna åt motsatt håll jämfört med engelska böcker, så du börjar faktiskt läsa dem från bakre omslaget till främre!

UTTAL

Att lära sig uttala japanska korrekt börjar med Hiragana, eftersom det täcker många av de ljud vi behöver för hela språket. Det är viktigt att öva redan i detta tidiga skede om du vill utveckla en naturlig och autentiskt klingande accent.

Observera: Denna övningsbok innehåller en mycket grundläggande introduktion till japanskt uttal, eftersom det lärs mest effektivt med ljud. Varje övningssida använder ett ord eller en stavelse med liknande ljud från engelskan för att beskriva ljuden. Det är bra träning att upprepa dem högt medan du arbetar dig igenom boken.

STRECK & LINJER

Japanska skriftsystem skrevs traditionellt med pensel och har ett bläckigt, målat utseende. Även om vi nu använder moderna pennor är det viktigt att lära sig skriva på det traditionella sättet, med samma rörelser och streck. Lyckligtvis innehåller Hiragana け (”ke”) alla tre typer av streck – vi har namngivit dem baserat på hur de görs och ser ut:

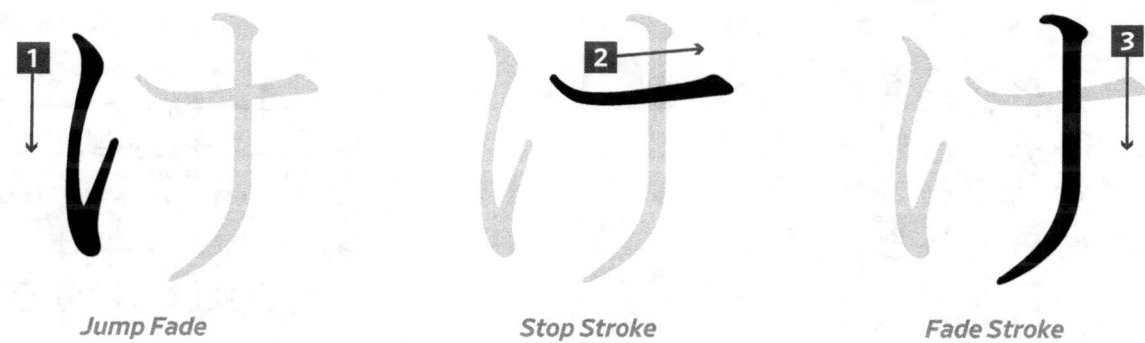

Jump Fade   **Stop Stroke**   **Fade Stroke**

”Jump fade” görs med ett snabbt ryck av pennan från pappret i slutet av strecket. ”Stop stroke” är precis som det låter, där linjen avslutas helt innan du lyfter pennan. ”Fade stroke” görs genom att lyfta pennan mer försiktigt från pappret medan handen fortfarande är i rörelse. Du kan föreställa dig hur linjen blir tunnare och tonar ut om du gradvis lyfter en tjockare penselspets från sidan.

SKRIVSTILAR

Den här boken lär dig att skriva Hiragana med de standardrörelser som baseras på penselns utseende, men du kommer att stöta på andra stilar när du lär dig:

Dessa tecken har alla samma betydelse men ser lite olika ut eftersom de kan skapas för hand, med pennor eller blyertspennor, eller visas som ett modernt digitalt typsnitt på en skärm eller i tryck. Även om utseendet ändras något förblir betydelsen densamma.

DEL 2

LÄR DIG
SKRIVA
HIRAGANA

あ　*あ*　**a**

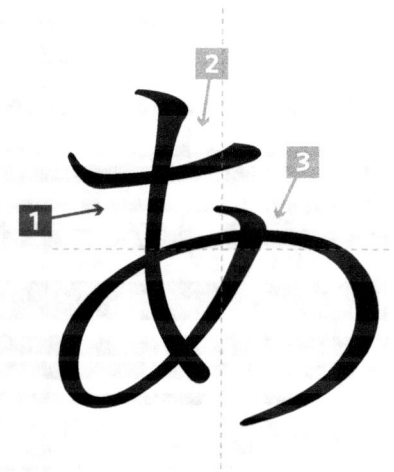

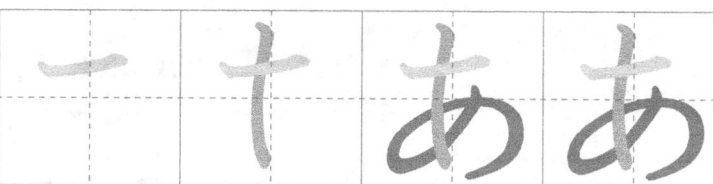

Uttalas som 'a' i ordet 'kaka' men lite kortare.

Denna kana ritas med tre streck; stanna, stanna, tona ut.

Det första strecket är en horisontell linje i en lätt vinkel. Det andra skär det första på mitten vertikalt, böjer sig nedåt och sedan utåt mot botten.
Det tredje strecket börjar från mitten, böjer sig nedåt och åt vänster innan det går upp igen och över åt höger. Det korsar sin startpunkt och går sedan ned igen. Försök att snärta med pennan i slutet av det tredje strecket.

Börja med att rita detta tecken i de stora rutorna nedan.

14

Öva nu i dessa uppsättningar av mindre rutor.

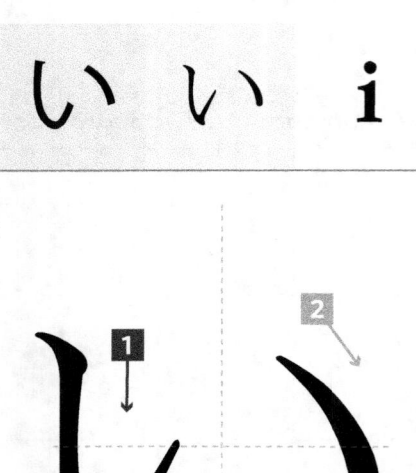

い　い　i

　　Uttalas som 'i' i ordet 'fisk'

　Detta kana skrivs med två streck: jump fade, stop.

Det första strecket är en böjd diagonal linje som svänger brant uppåt i botten och avslutas med ett snabbt pennryck. Denna typ av avslut med en skarp sväng kallas hane. När du skriver en hane är det som om strecket kopplas samman med nästa. Det andra strecket börjar nästan där det första slutar – rita en motsatt böjd linje från det första strecket, kortare än det första, utan hane.

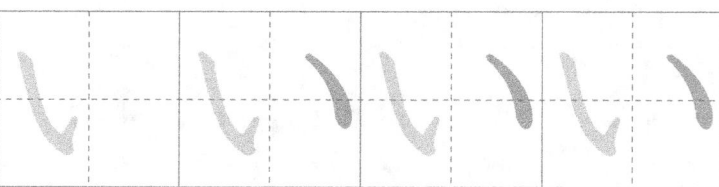

SKRIV　　　　　　　　　　　　　　Börja med att rita detta tecken i de stora rutorna nedan.

Öva nu i dessa uppsättningar av mindre rutor.

う う u

Uttalas som 'o' i ordet 'sko'

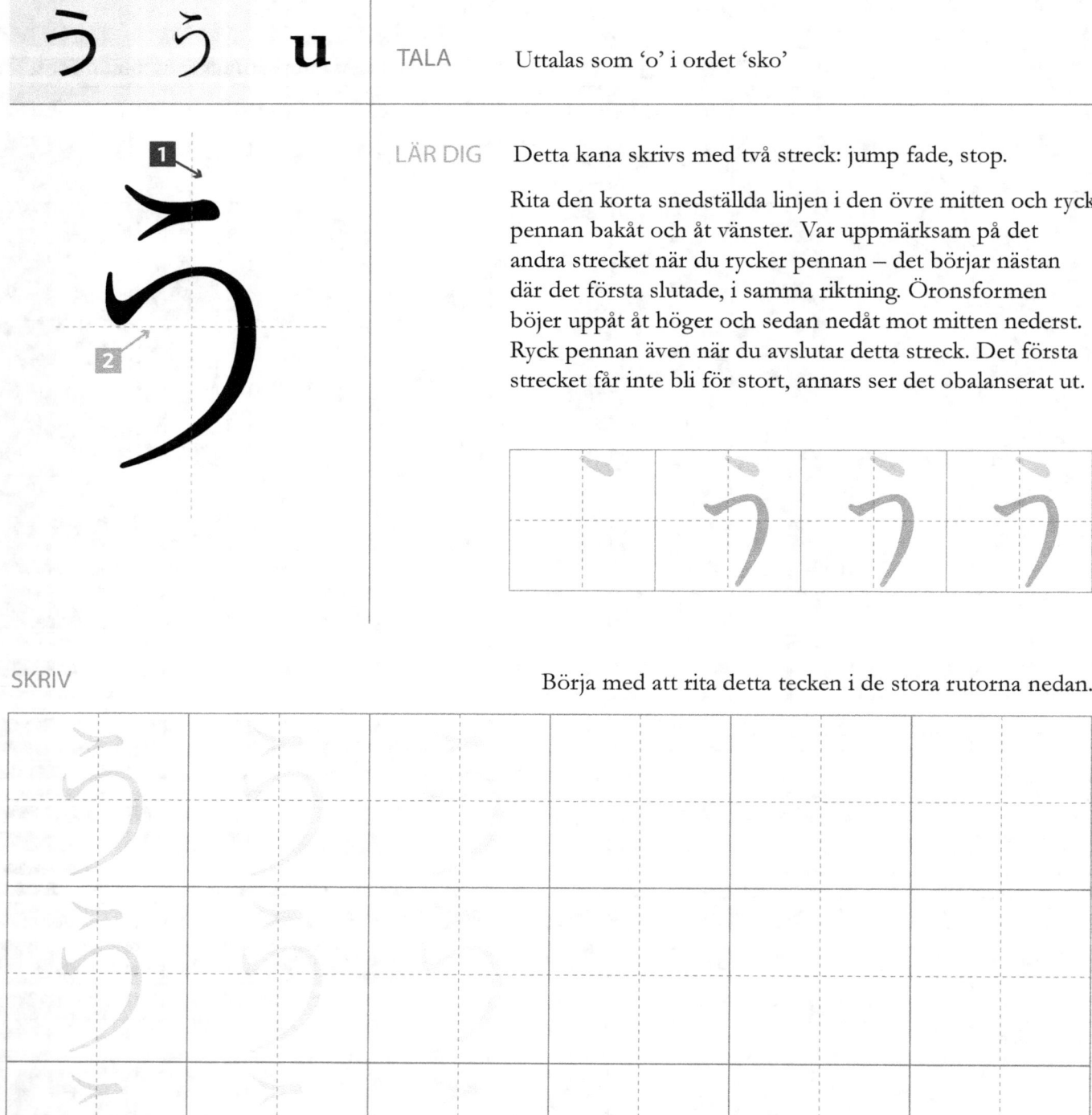

LÄR DIG Detta kana skrivs med två streck: jump fade, stop.

Rita den korta snedställda linjen i den övre mitten och ryck pennan bakåt och åt vänster. Var uppmärksam på det andra strecket när du rycker pennan – det börjar nästan där det första slutade, i samma riktning. Öronsformen böjer uppåt åt höger och sedan nedåt mot mitten nederst. Ryck pennan även när du avslutar detta streck. Det första strecket får inte bli för stort, annars ser det obalanserat ut.

SKRIV Börja med att rita detta tecken i de stora rutorna nedan.

Öva nu i dessa uppsättningar av mindre rutor.

え え **e**

Uttalas som 'ä' i ordet 'färg'.

LÄR DIG Detta kana skrivs med två streck: jump fade, stop.

Vi börjar precis som med det föregående Hiragana う, med en kort snedställd linje upptill i mitten. För det andra strecket, föreställ dig att du skriver siffran 7 och sedan drar lite uppåt innan du ritar en liten våg. Förläng detta streck, men lyft inte pennan från sidan.

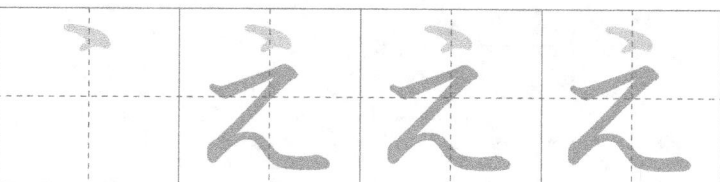

SKRIV   Börja med att rita detta tecken i de stora rutorna nedan.

Öva nu i dessa uppsättningar av mindre rutc

お　お　o

Uttalas som 'å' i ordet 'båt'.

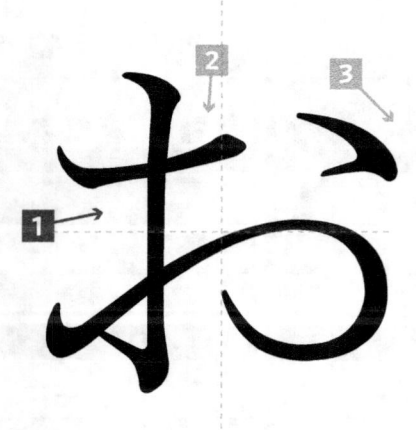

LÄR DIG Detta kana skrivs med tre streck: stop, fade, stop.

Börja med en kort horisontell linje, precis som med あ, men lite lägre och till vänster. Det andra strecket delar det första på mitten med en vertikal linje, svänger brant åt vänster i botten och svänger sedan igen för att skapa en stor kurva innan du rycker pennan i slutet. Det tredje lilla strecket placeras uppe till höger om det första

SKRIV Börja med att rita detta tecken i de stora rutorna nedan.

22

Öva nu i dessa uppsättningar av mindre rutor.

か　か **ka**

　Uttalas som ordet 'ka' – som i 'kaka', men utan 'r'-ljudet.

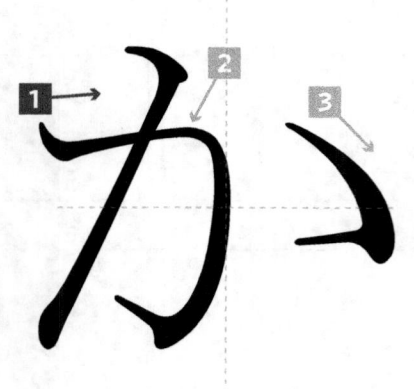

LÄR DIG　Denna kana ritas med två streck; hopp, tona ut, stanna.

Detta är en kantig version av hiragana か och börjar med en lätt lutande horisontell linje som viker tvärt nedåt. Den nedåtgående delen ska ha en lätt böj bakåt och snett åt vänster. Avsluta detta streck med ett hane genom att snärta pennan från pappret. Ditt andra streck är en diagonal linje nedåt med en böj åt vänster och uppåt.

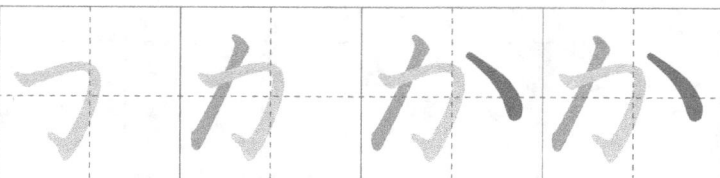

SKRIV　Börja med att rita detta tecken i de stora rutorna nedan.

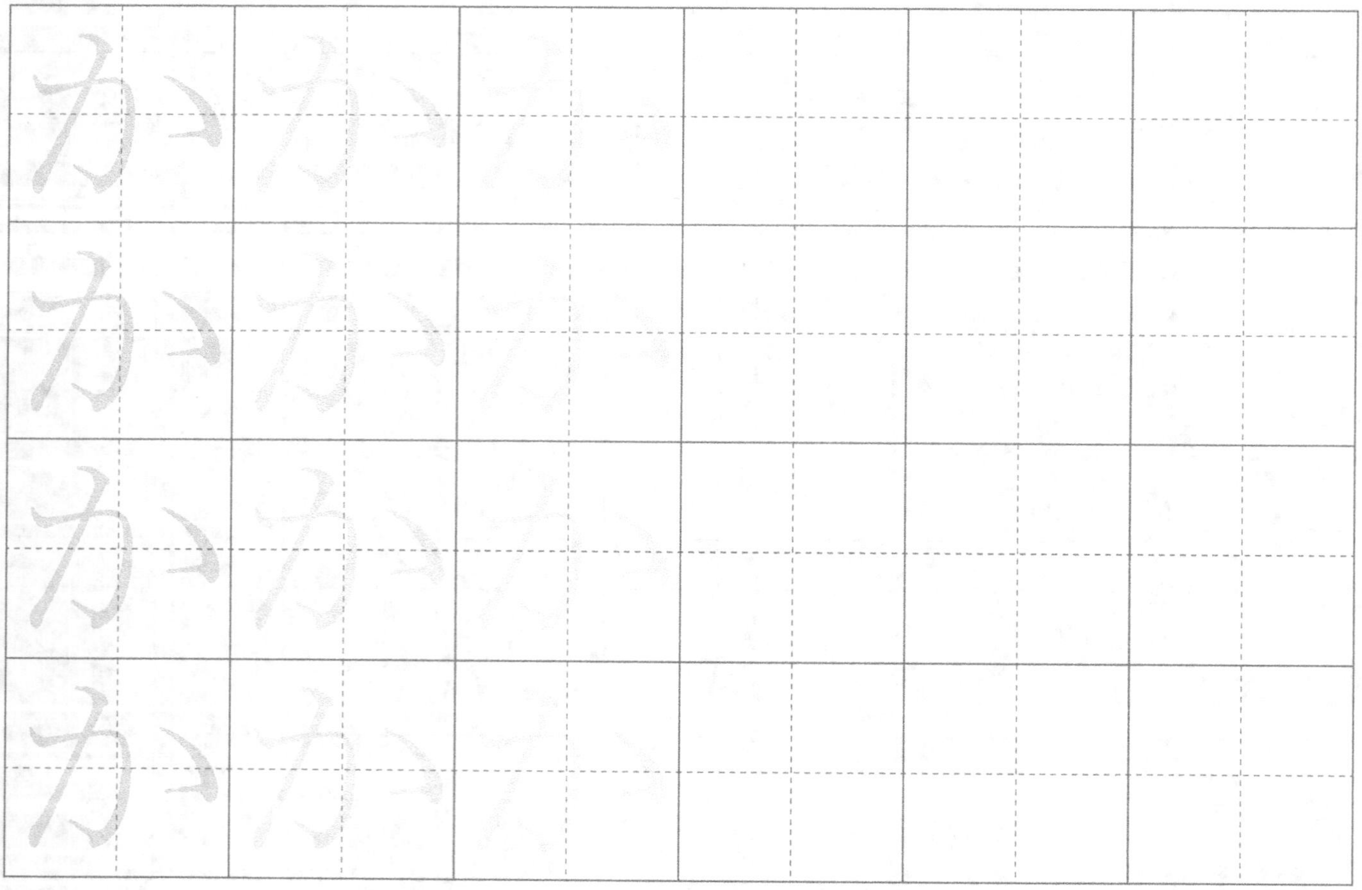

Öva nu i dessa uppsättningar av mindre rutor.

き　き **ki**

　Uttalas som 'ki' i ordet 'kilo'.

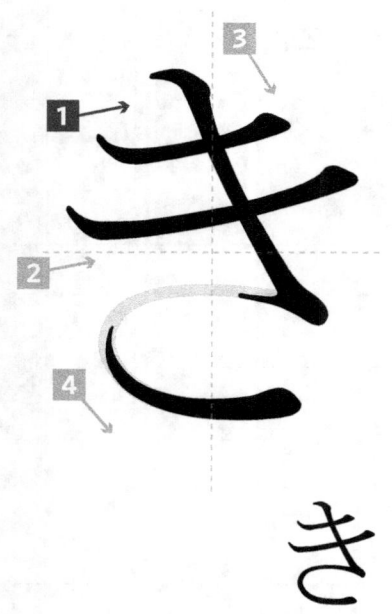

LÄR DIG　Ritas med fyra streck: stopp, stopp, hopp–toning, stopp.

Dina två första streck är parallella linjer, från vänster till höger och med en liten lutning. Det tredje strecket skär igenom de två första och avslutas med en hane. Rita din hane uppåt, vilket förbereder det fjärde strecket. Rita det sista böjda stoppstrecket runt till höger. Du ser ofta dessa streck sammanbundna i vissa typsnitt, som visas i den lilla bilden till vänster, men detta är det korrekta sättet att rita detta tecken.

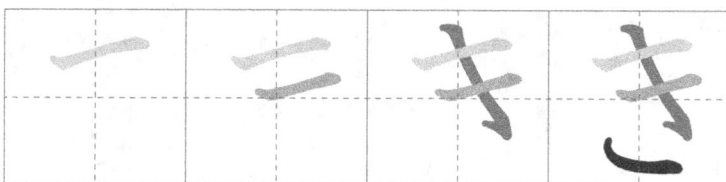

SKRIV　Börja med att rita detta tecken i de stora rutorna nedan.

Öva nu i dessa uppsättningar av mindre rutor.

 **ku**

LÄR DIG   Denna kana ritas med endast ett streck: ett stopp.

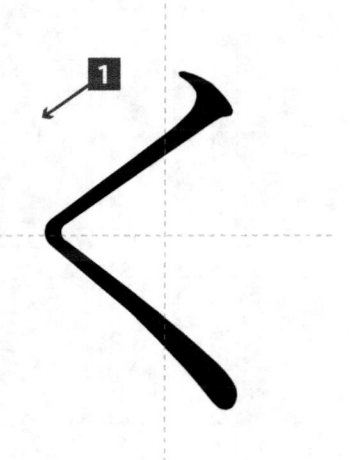

Detta enkelstreckstecken ritas ungefär som en öppnings-
vinkelparentes, men med en lätt inåtböjning. Försök se till
att start- och slutpunkterna är vertikalt linjerade för att
skapa ett prydligt och balanserat tecken.

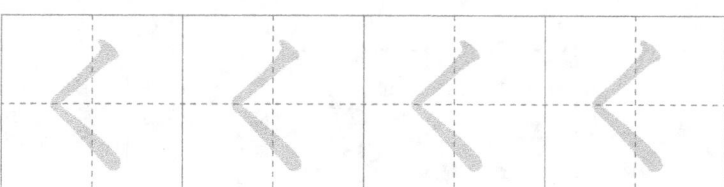

SKRIV   Börja med att rita detta tecken i de stora rutorna nedan.

28

ÖVA

け け ke

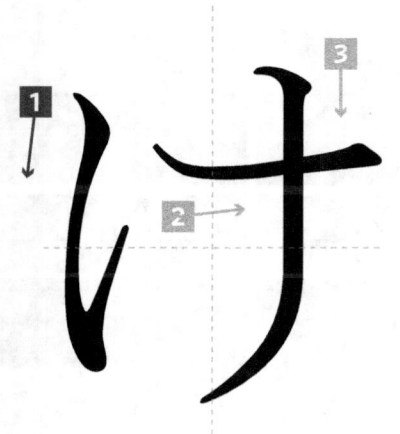

LÄR DIG   Denna kana har tre streck: ett hopp–toning, ett stopp och en toning.

Rita det första strecket nedåt med en lätt utåtböjning och avsluta med en hane. Det andra strecket görs som en fortsättning från hanen, med en kort linje från vänster till höger. Ditt sista streck är en annan vertikal linje nedåt, denna gång med en böj åt vänster. Det börjar lite högre än tidigare och slutar också lägre. Avsluta detta streck med en snabb pennrörelse.

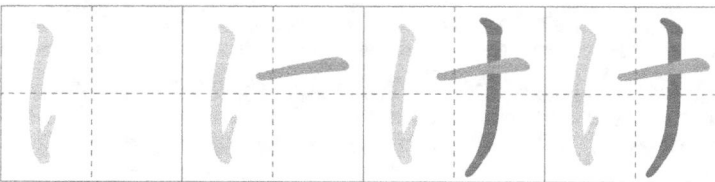

SKRIV   Börja med att rita detta tecken i de stora rutorna nedan.

Öva nu i dessa uppsättningar av mindre rutor.

こ こ ko

TALA   Uttalas som 'ko' i ordet 'komma'.

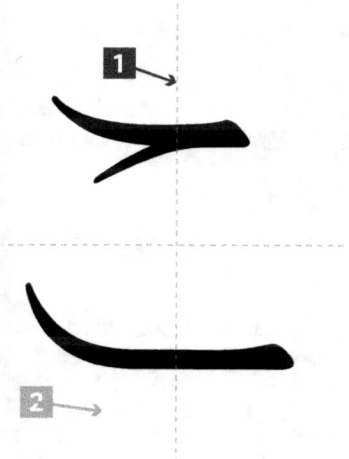

LÄR DIG   Denna kana ritas med två streck: ett hopp och ett stopp.

Rita denna kana med två streck som böjer sig inåt och nästan möts för att bilda en stor slinga. Det första strecket är en böjd horisontell linje som avslutas med en hane. Ditt andra streck börjar längre ner och till vänster. Strecken ska se ut som om de nästan förenas för att skapa en sluten cirkulär form.

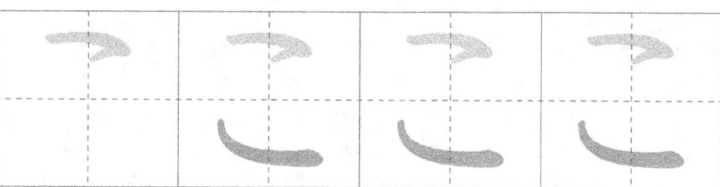

SKRIV   Börja med att rita detta tecken i de stora rutorna nedan.

ÖVA

さ　さ　**sa**

　　Uttalas som 'sa' i ordet 'sallad'.

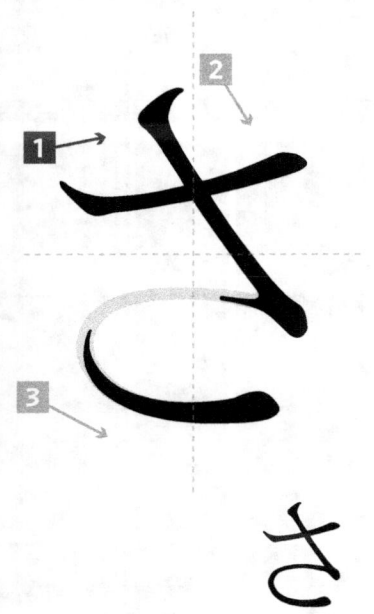

LÄR DIG　Denna kana ritas med tre streck: stopp, hopp, stopp.

Skriven på ett liknande sätt som き men utan det första korta strecket. Börja med den snedställda horisontella linjen från vänster till höger. Ditt andra streck skär igenom denna linje och avslutas med en hane. Det tredje strecket görs genom att sätta pennan ner strax efter hanen och böja tillbaka. Denna kana visas ofta som sammanbunden, men det korrekta sättet är att lyfta pennan.

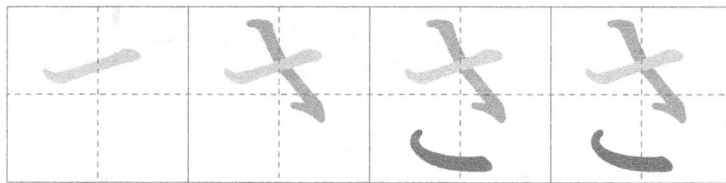

SKRIV　　　　　　　　　　　　　Börja med att rita detta tecken i de stora rutorna nedan.

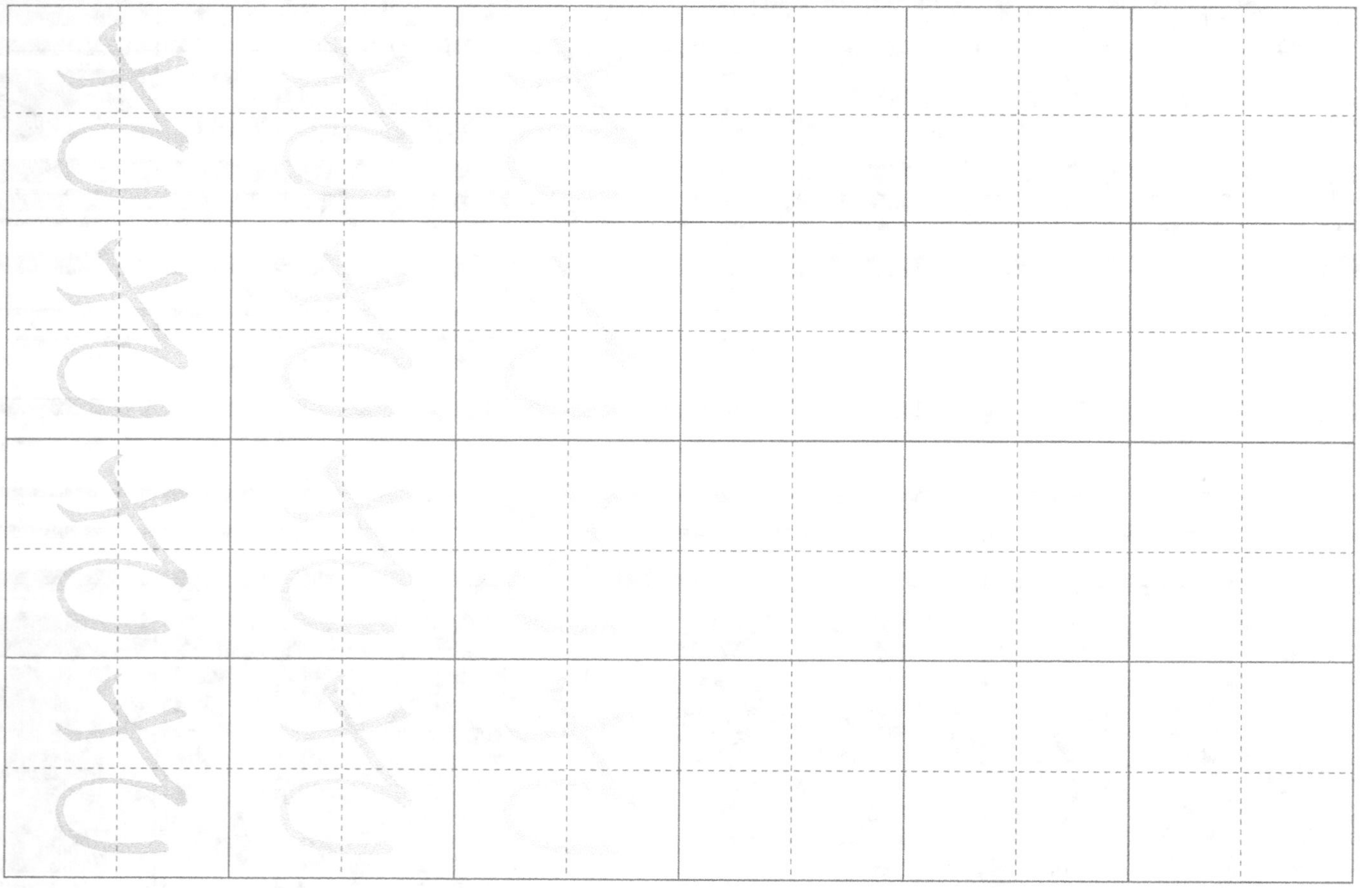

34

Öva nu i dessa uppsättningar av mindre rutor.

し　し **shi**

Uttalas som 'shi' i ordet 'shiny'.

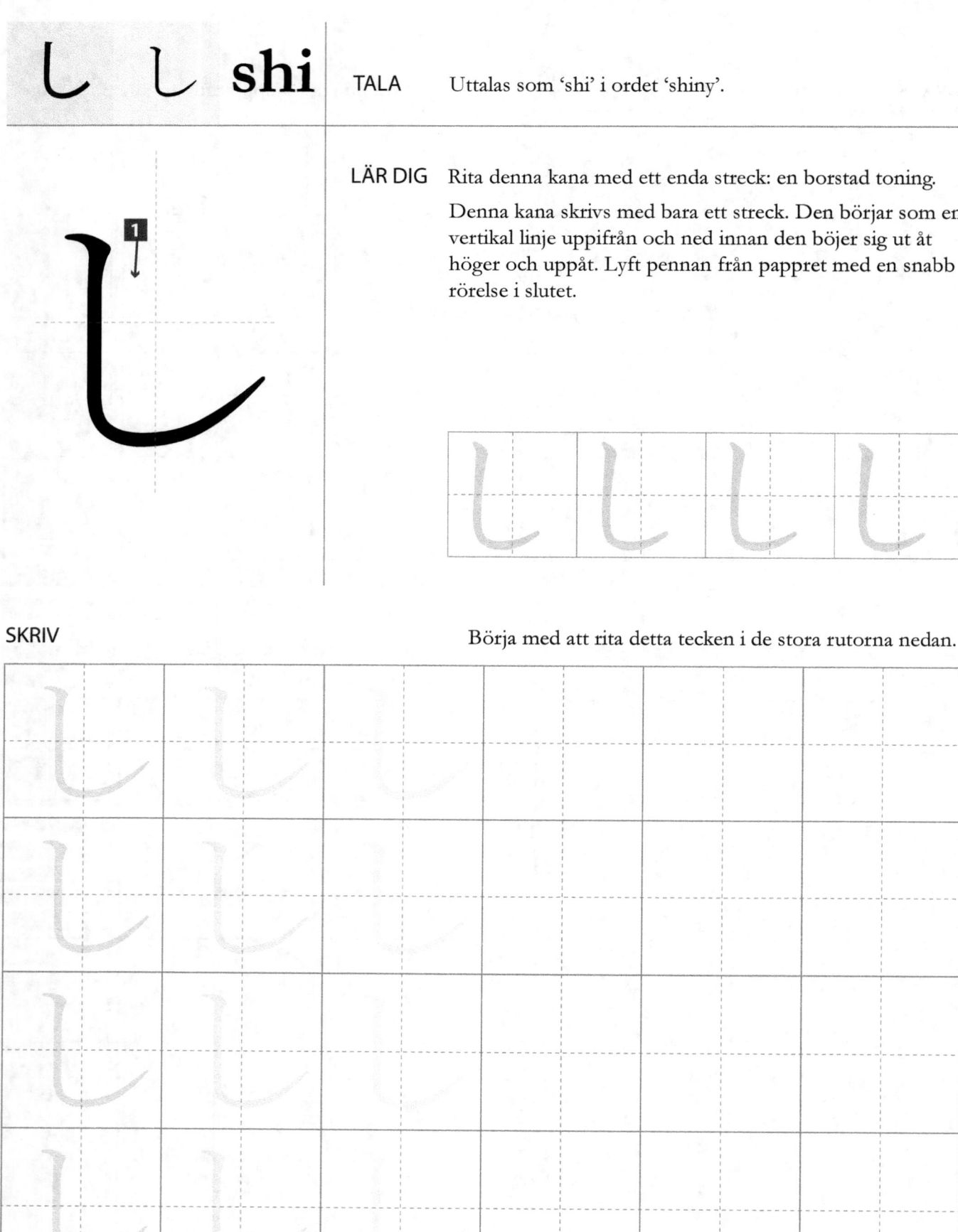

LÄR DIG Rita denna kana med ett enda streck: en borstad toning.

Denna kana skrivs med bara ett streck. Den börjar som en vertikal linje uppifrån och ned innan den böjer sig ut åt höger och uppåt. Lyft pennan från pappret med en snabb rörelse i slutet.

SKRIV Börja med att rita detta tecken i de stora rutorna nedan.

ÖVA

す　す　**su**

　Uttalas som 'su' i ordet 'super'.

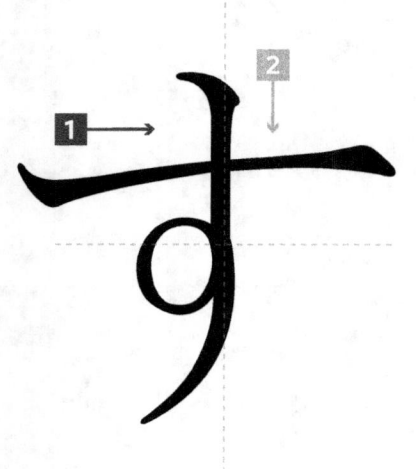

LÄR DIG　Denna har två streck: ett stopp och en slingrande toning.

Börja med en lång linje ritad från vänster till höger. Ditt andra streck börjar högst upp och dras ned genom det första. Det bildar sedan en slinga precis efter skärningspunkten. Avsluta strecket genom att böja nedåt åt vänster och lyft pennan från pappret i slutet för att tona ut strecket. Försök skära genom det första strecket något utanför mitten, åt höger. Detta skapar mer utrymme för din slinga nedanför.

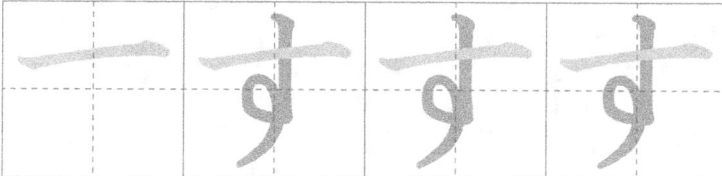

SKRIV　Börja med att rita detta tecken i de stora rutorna nedan.

ÖVA

せ せ se

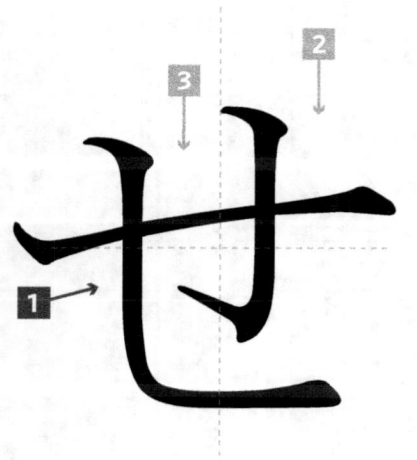

LÄR DIG   Denna kana ritas med tre streck: stopp, hopp, stopp.

Börja detta tecken med en lång horisontell linje från vänster till höger. Det andra strecket är en kortare vertikal linje på högra sidan och avslutas med en hane uppåt och åt vänster. Lyft pennan men behåll rörelsen i samma riktning när du förbereder det tredje strecket. Gör en vertikal linje nedåt och böj runt åt höger. Flicka inte med pennan här. De två första strecken ska skära genom det första med jämna mellanrum.

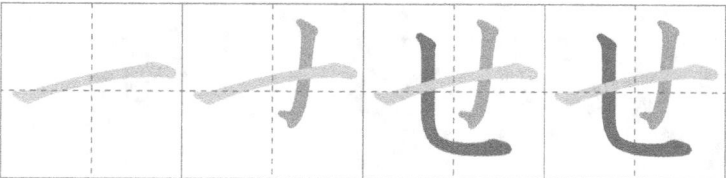

SKRIV

Börja med att rita detta tecken i de stora rutorna nedan.

ÖVA

そ そ **SO**

Uttalas som 'so' i ordet 'sol'.

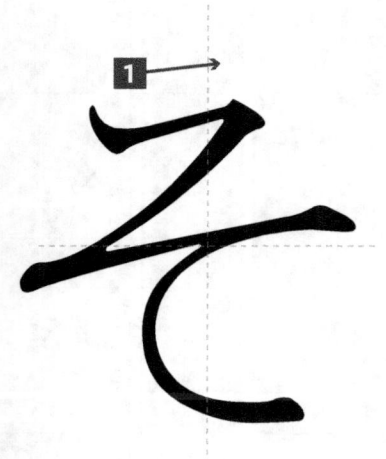

LÄR DIG   Denna kana skapas med ett enda sicksackstreck: stopp.

Börja med att rita ett "Z"-formigt streck i den övre halvan, innan du lägger till en "C"-form nedanför – lyft inte pennan från pappret. "C"-formen ska avslutas utan någon uppåtgående rörelse. Se till att den mellersta horisontella linjen är längre än den övre. Även om det är ovanligt kan du se detta tecken visas som två streck i vissa typsnitt.

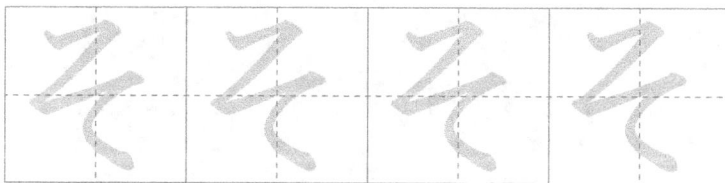

SKRIV   Börja med att rita detta tecken i de stora rutorna nedan.

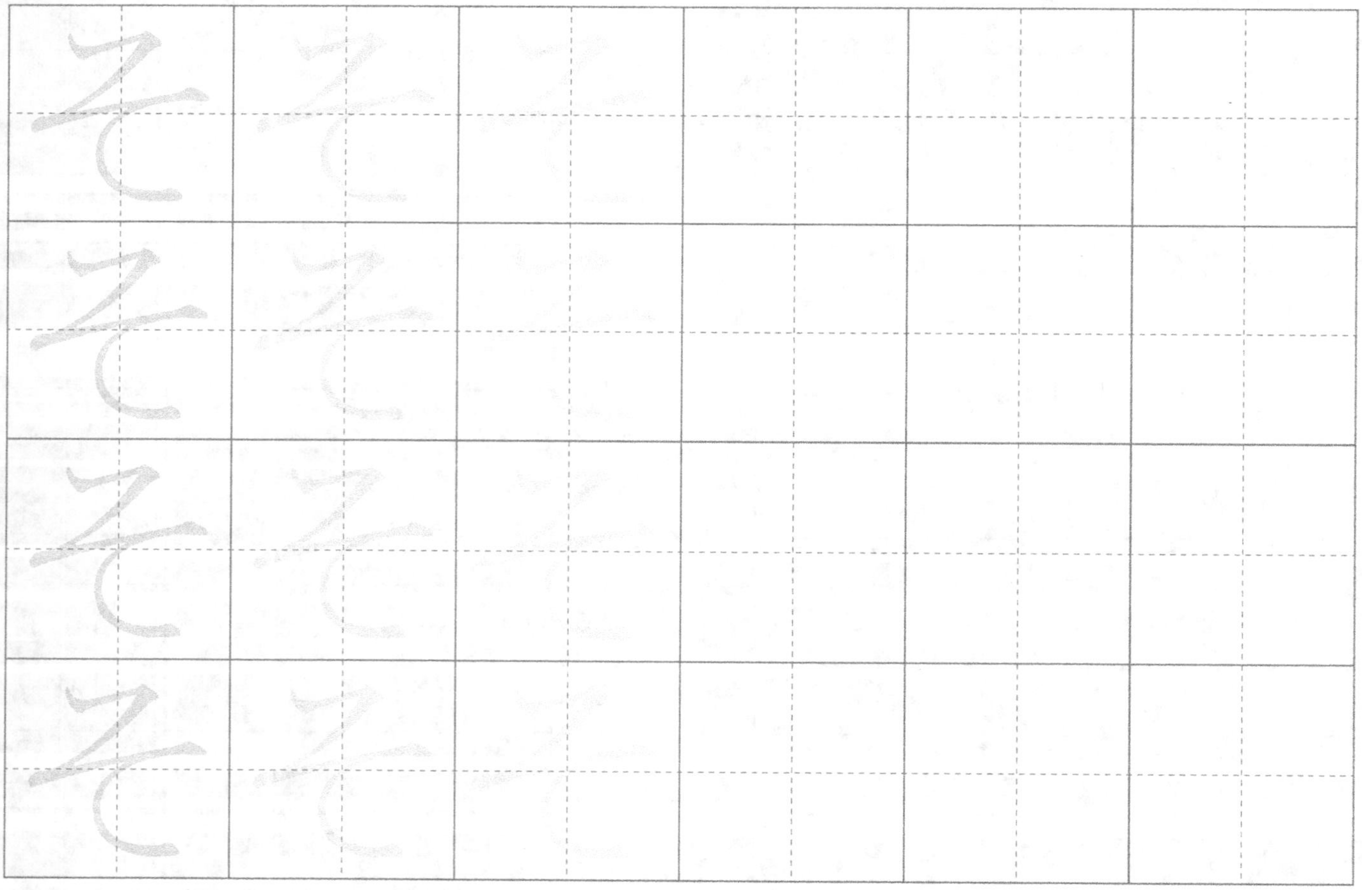

ÖVA

Öva nu i dessa uppsättningar av mindre rutor.

た　た　**ta**

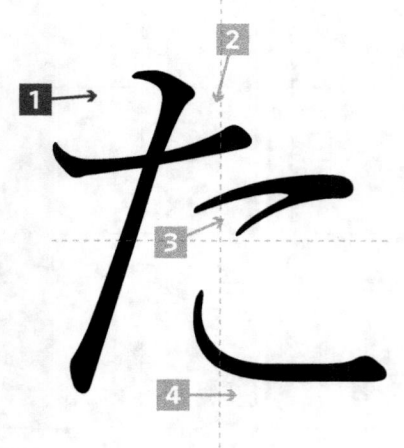

LÄR DIG　Denna kana ritas med fyra streck; de är alla stopp.

Gör en liten "t"-form, med den vertikala linjen riktad nedåt och åt vänster. Placera den i den vänstra halvan av rutan så att det finns plats för nästa del. Ditt tredje streck skapar ett litet böjt märke till höger om "t"-formen, och det fjärde strecket görs nedanför med en motsatt böjning mot det föregående strecket. De två sista strecken ska se ut som om de nästan förenas för att bilda en cirkulär form.

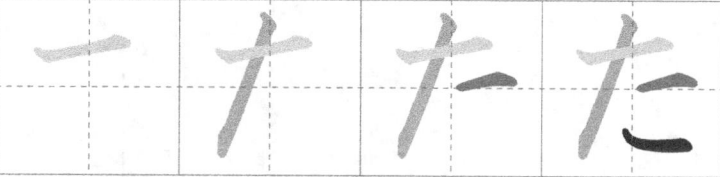

SKRIV　Börja med att rita detta tecken i de stora rutorna nedan.

44

ÖVA

ち ち **chi**

Uttalas som 'chi' i ordet 'chili'.

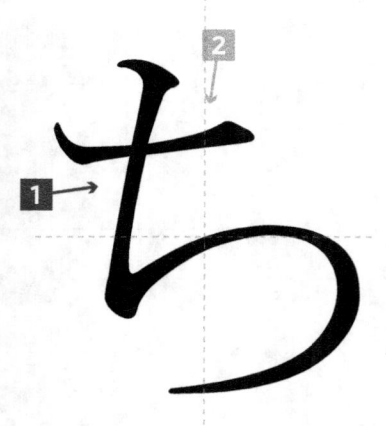

LÄR DIG Denna kana ritas med två streck: stopp, toning.

Vi skriver detta tecken som en spegelbild av さ, men du behöver inte lyfta pennan. Rita ditt första streck från vänster till höger i en lätt vinkel. Ditt andra streck är en svagt diagonal linje nedåt åt vänster som korsar det första. När du närmar dig botten böjer det sig tillbaka uppåt och runt åt höger, vilket bildar en cirkulär form och avslutas med en snabb rörelse bort

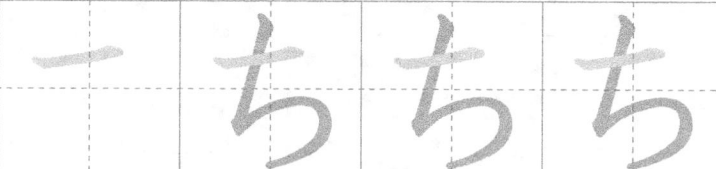

SKRIV

Börja med att rita detta tecken i de stora rutorna nedan.

Öva nu i dessa uppsättningar av mindre rutor.

つ つ **tsu**

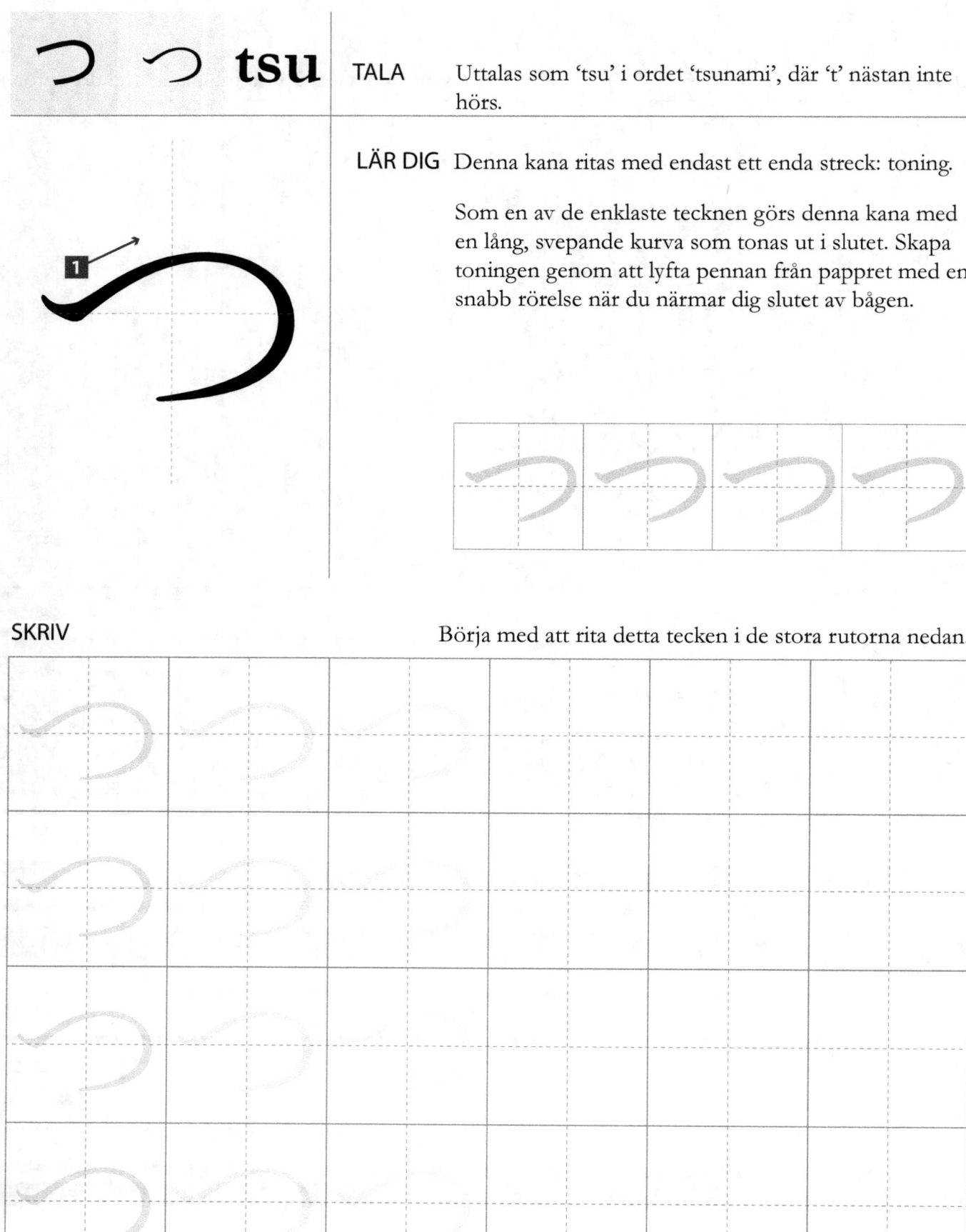

TALA Uttalas som 'tsu' i ordet 'tsunami', där 't' nästan inte hörs.

LÄR DIG Denna kana ritas med endast ett enda streck: toning.

Som en av de enklaste tecknen görs denna kana med en lång, svepande kurva som tonas ut i slutet. Skapa toningen genom att lyfta pennan från pappret med en snabb rörelse när du närmar dig slutet av bågen.

SKRIV Börja med att rita detta tecken i de stora rutorna nedan.

ÖVA

Öva nu i dessa uppsättningar av mindre rutor.

て て **te**

TALA   Uttalas som 'te' i ordet 'telefon'.

LÄR DIG   Denna kana ritas med ett streck: ett stopp.

I ett enda streck, för pennan från vänster till höger i en lätt uppåtvinkel innan du rör dig tillbaka åt vänster och nedåt. Håll pennan mot pappret medan du skapar en stor svepande kurva i form av ett "C". Eftersom detta är ett stoppstreck ska du inte lyfta pennan från pappret.

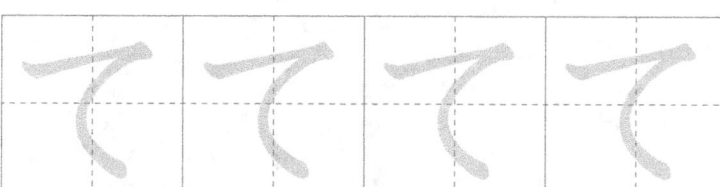

SKRIV   Börja med att rita detta tecken i de stora rutorna nedan.

50

Öva nu i dessa uppsättningar av mindre rutor.

と と to

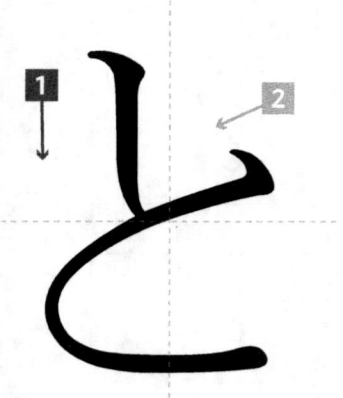

LÄR DIG Denna kana skapas med två streck: stopp, stopp.

Det första strecket är en liten, lätt sned linje ritad mot mitten av rutan. Ditt andra streck är en stor böjd linje som möter slutet av det första i mitten. Det böjer sig sedan ut åt vänster och runt mot nedre högra delen av rutan. Start- och slutpunkterna för ditt andra streck ska vara vertikalt linjerade. Ditt andra streck ska inte korsa det första, utan passera genom dess slutpunkt.

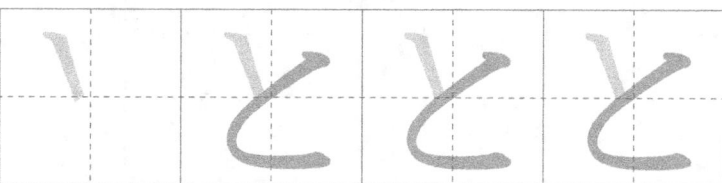

SKRIV Börja med att rita detta tecken i de stora rutorna nedan.

Öva nu i dessa uppsättningar av mindre rutor.

な な **na**

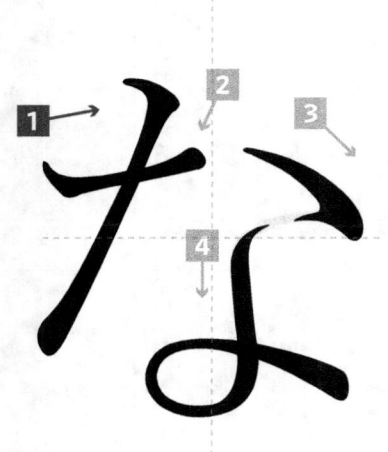

LÄR DIG   Denna kana har fyra streck: stopp, stopp, hopp–toning och stopp.

Börja med en kort, sned horisontell linje till vänster. Ditt andra streck är en längre diagonal linje som skär genom det första, nedåt och åt vänster – gör den inte för lång. Det tredje strecket görs som en böjd linje på högra sidan och avslutas med en hane. Precis när du lyfter pennan börjar du omedelbart det fjärde strecket nedåt innan du låter det göra en ögla över sig själv. Avsluta denna ögla med ett stopp under det tredje strecket.

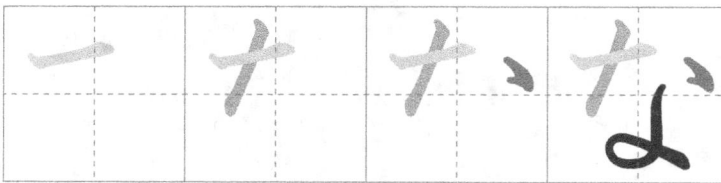

SKRIV   Börja med att rita detta tecken i de stora rutorna nedan.

54

ÖVA nu i dessa uppsättningar av mindre rutor.

に に ni

Uttalas som 'ni' i ordet 'nivå', men kortare.

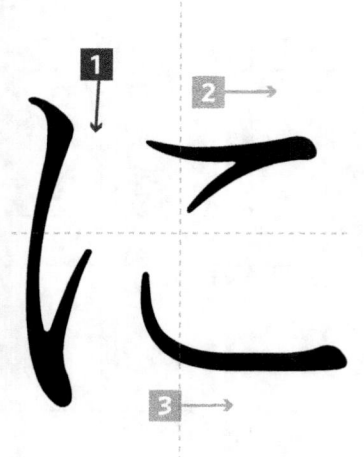

LÄR DIG Denna kana har tre streck: ett hopp–toning och två stopp.

Precis som tidigare tecken börjar du med en vertikal linje nedåt på vänstra sidan och avslutar med en hane uppåt åt höger. Ditt andra streck är nästan en fortsättning från hanen och är en liten böjd horisontell linje. Det sista strecket görs som en böj i motsatt riktning, nästan så att det bildar en cirkel. Lyft inte pennan i slutet här, eftersom det är ett stoppstreck.

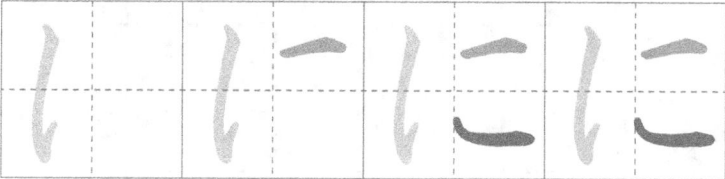

SKRIV

Börja med att rita detta tecken i de stora rutorna nedan.

Öva nu i dessa uppsättningar av mindre rutor.

ぬ ぬ **nu**

Uttalas som 'no' i ordet 'nolla', men kortare.

LÄR DIG Ritas med två streck: ett stopp och ett långt, slingrande stopp.

Börja med att rita en lätt böjd linje i vinkel. Ditt andra streck börjar på ungefär samma höjd men böjer sig tillbaka mot det första. Det gör sedan en ögla uppåt och tillbaka åt höger. När pennan närmar sig den nedre högra delen av rutan, gör ytterligare en ögla över och åt höger. Var noga med att matcha mellanrummen mellan linjerna i exemplet så att ditt tecken blir välbalanserat.

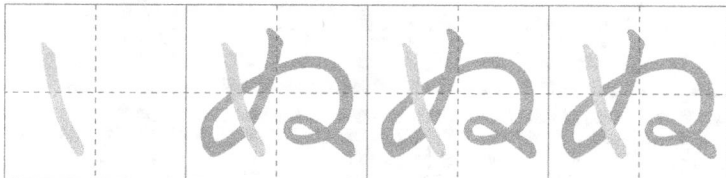

SKRIV

Börja med att rita detta tecken i de stora rutorna nedan.

58

Öva nu i dessa uppsättningar av mindre rutor.

ね ね **ne**

Uttalas som 'no' i ordet 'nolla', men kortare.

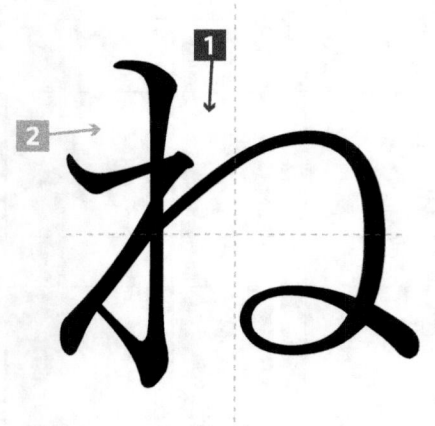

LÄR DIG   Denna kana ritas med två streck: stopp, långt stopp.

Rita den vertikala linjen uppifrån och ned. Börja ditt andra streck med en kort horisontell linje som passerar över det första, innan du för pennan nedåt på vänstra sidan. Utan att lyfta pennan från pappret fortsätter det andra strecket uppåt och bildar en stor båge. När du närmar dig nedre högra delen, gör en liten ögla tillbaka åt höger för att avsluta tecknet.

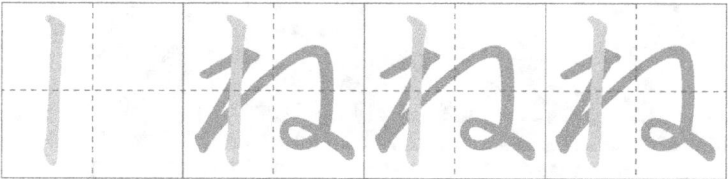

SKRIV   Börja med att rita detta tecken i de stora rutorna nedan.

60

Öva nu i dessa uppsättningar av mindre rutor.

の　の　**no**

TALA　Uttalas som 'no' i ordet 'norr'.

LÄR DIG　Denna kana skrivs med ett streck: en lång toning.

Börja från den övre mitten av rutan och för pennan nedåt och diagonalt åt vänster. Från botten av denna linje, för pennan uppåt och över åt höger i en stor cirkulär rörelse som passerar genom startpunkten. När du passerar över startpunkten, se till att inte rita kurvan för lågt och låt den vertikala linjen sticka upp ovanför. För bågen runt och avsluta med en snabb rörelse med pennan.

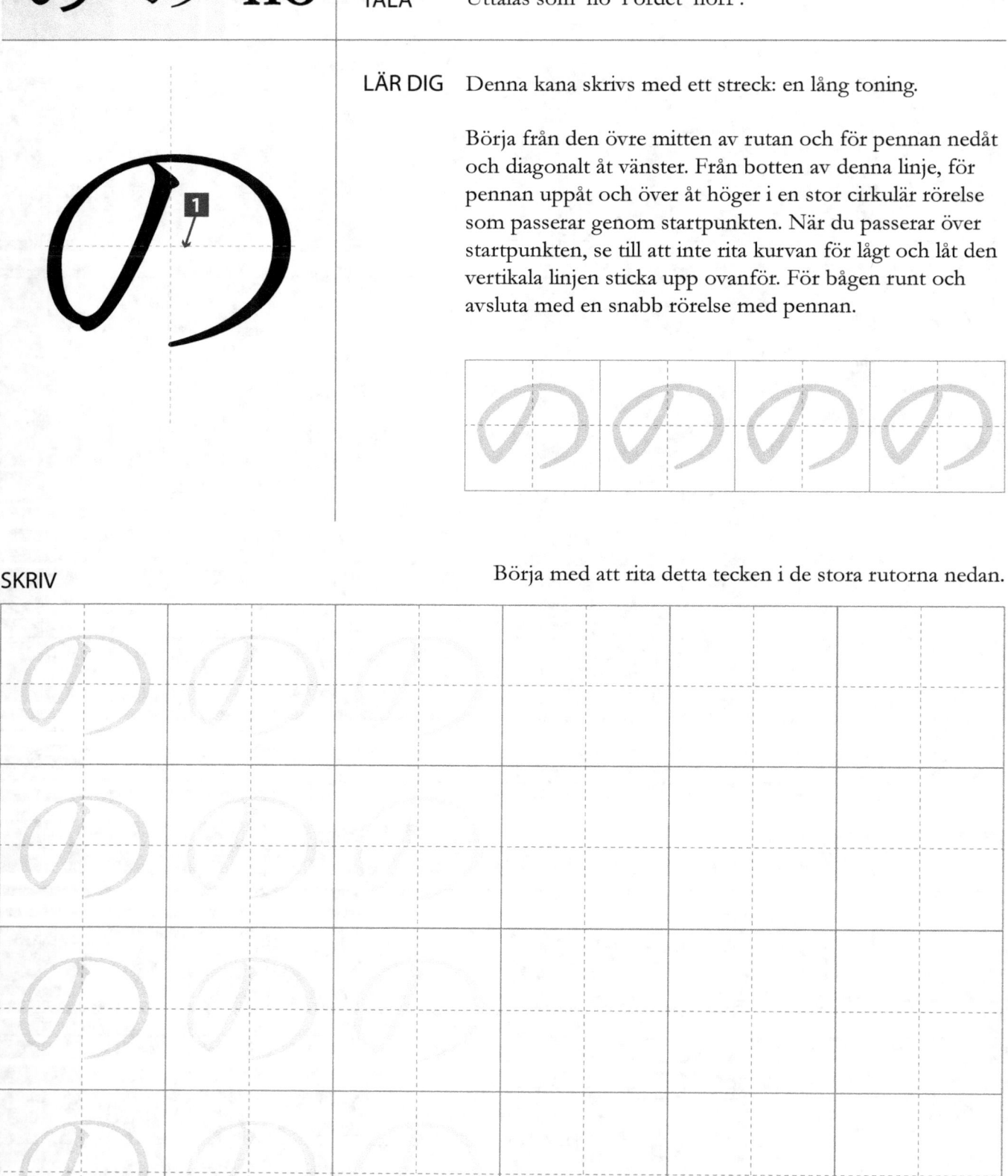

SKRIV　Börja med att rita detta tecken i de stora rutorna nedan.

Öva nu i dessa uppsättningar av mindre rutor.

は は **ha**

LÄR DIG   Rita denna kana med tre streck: hopp, stopp, slingrande stopp.

Dina två första streck liknar dem i hiragana け, med ett böjt vertikalt streck som avslutas med en hane. Det andra strecket är en kortare horisontell linje åt höger. Ditt tredje streck passerar genom det andra, ritas vertikalt nedåt och avslutas med en liten ögla över sig själv åt höger.

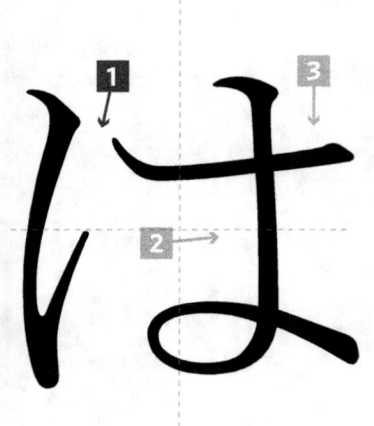

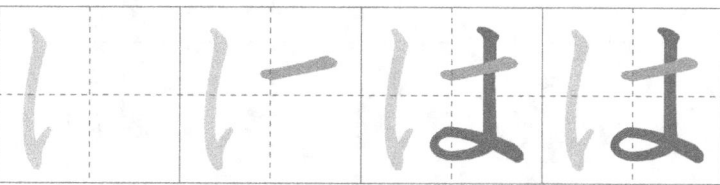

SKRIV   Börja med att rita detta tecken i de stora rutorna nedan.

ÖVA

ひ ひ hi

1 →

ひ

LÄR DIG   Denna kana ritas med ett streck: ett svepande stopp.

Börja med att göra en kort, lätt sned linje uppåt innan du går tillbaka lite åt vänster. Håll pennan mot pappret medan du skapar en stor svepande kurva i form av ett "U" runt den nedre halvan av rutan. När du kommer tillbaka nära toppen, och utan att lyfta pennan, följ linjen tillbaka en bit och fortsätt sedan åt höger med en böjd linje till ett stopp. Lyft inte pennan från pappret här.

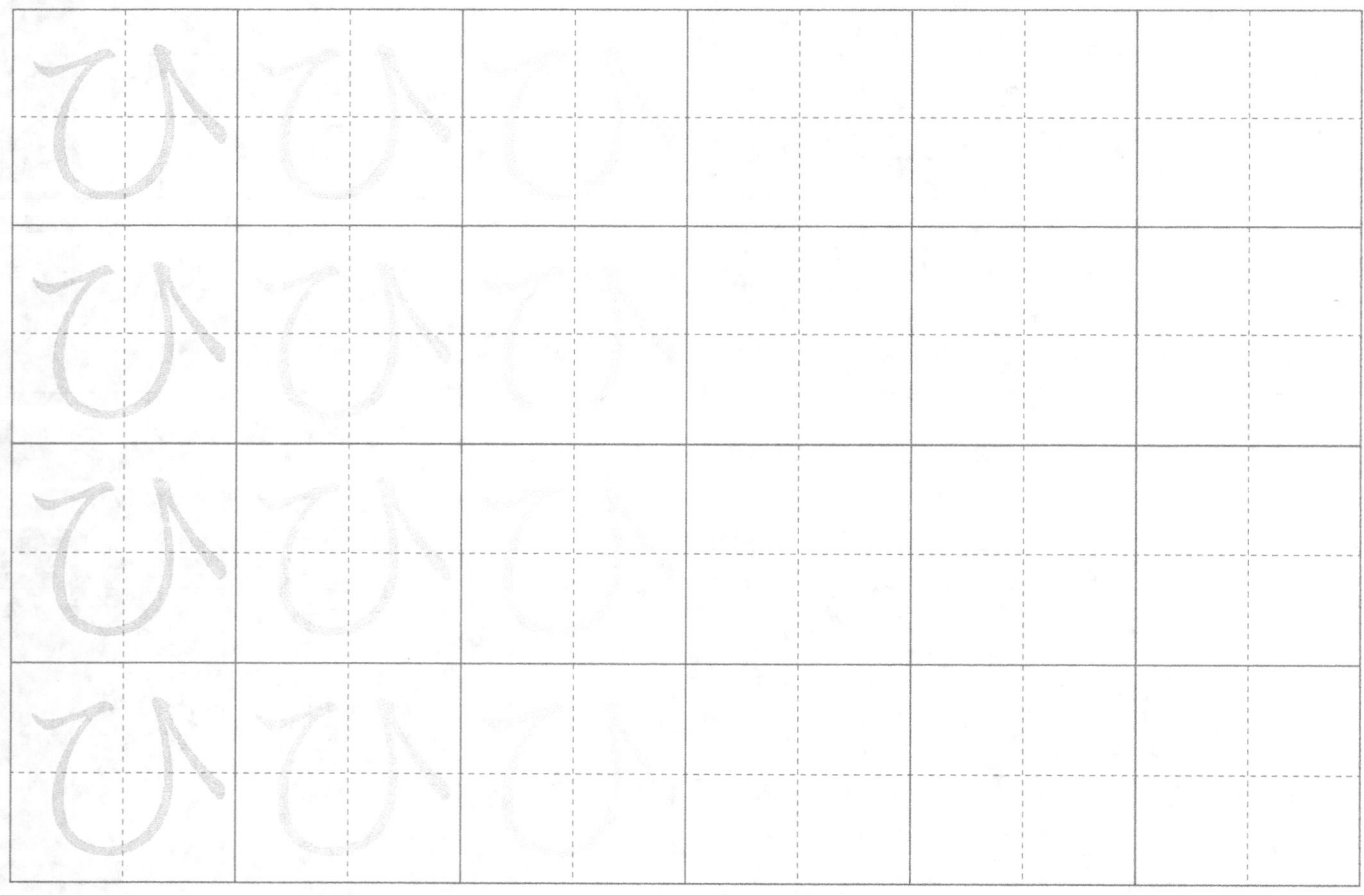

SKRIV   Börja med att rita detta tecken i de stora rutorna nedan.

ÖVA

Öva nu i dessa uppsättningar av mindre rutor.

 **fu**

TALA   Uttalas som 'ho' i ordet 'hon'.

LÄR DIG   Ritas med fyra streck: hopp–toning, hopp, stopp och stopp.

Börja med ett kort snedställt streck som avslutas med en hane upptill i mitten. Ditt andra streck är sedan en slags näsform som ska avslutas med en snabb rörelse mot början av det tredje strecket. Det tredje strecket är ännu en kort sned linje som avslutas med en hane uppåt och åt höger. För det fjärde, lyft pennan till högra sidan där du ritar den sista korta böjda linjen.

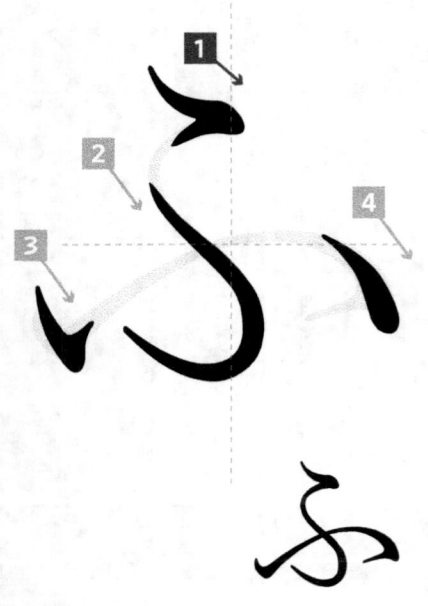

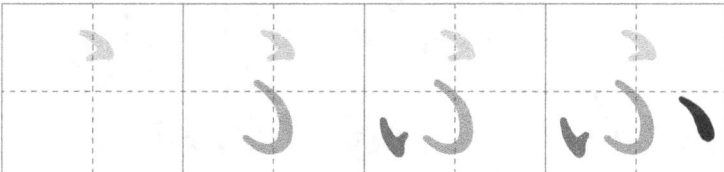

SKRIV   Börja med att rita detta tecken i de stora rutorna nedan.

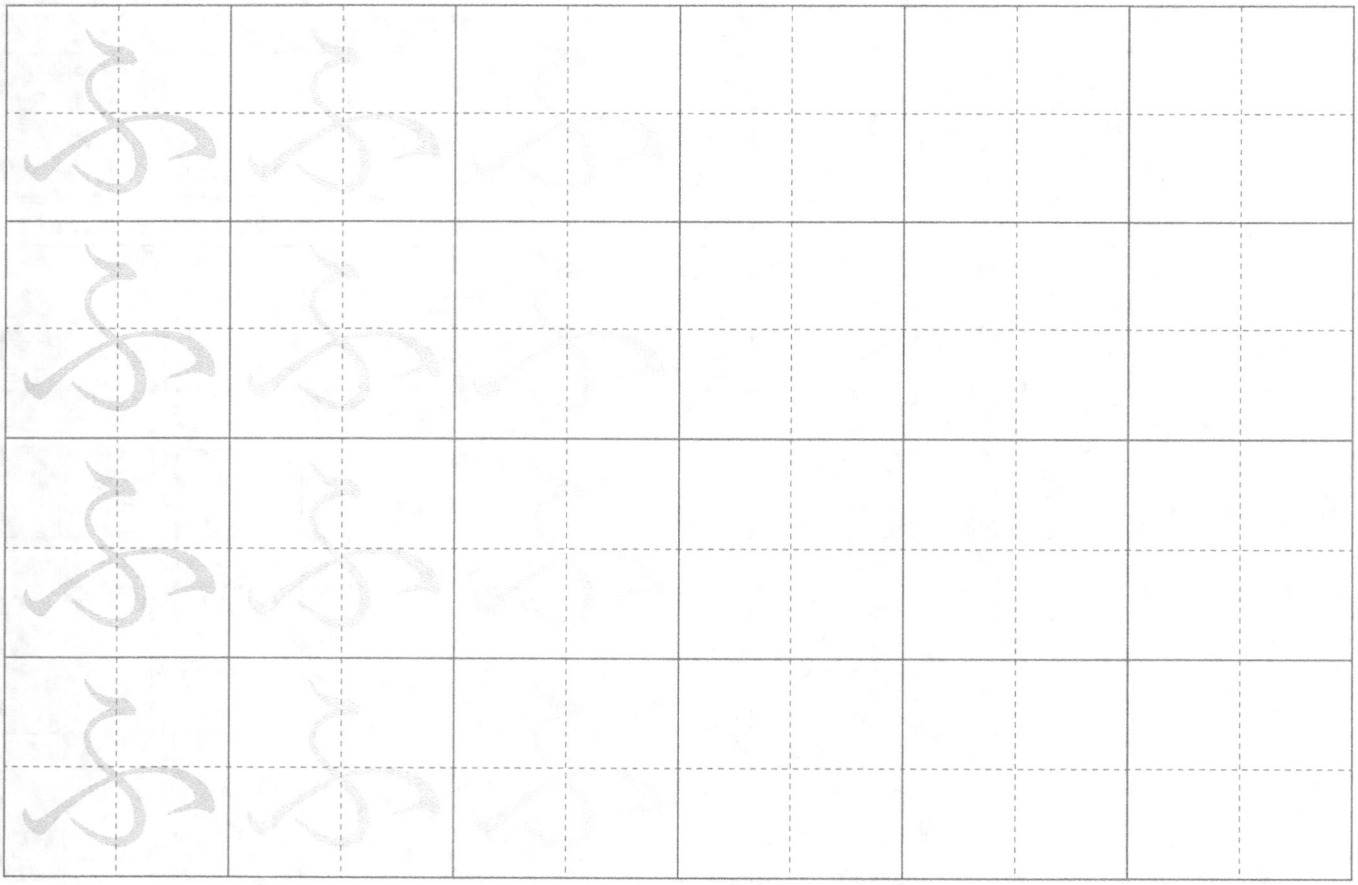

ÖVA

∧　⌒　**he**

TALA　Uttalas som 'he' i namnet 'Helen'.

LÄR DIG　Denna kana görs med ett streck: ett stopp.

Börja i mitten på vänstra sidan av rutan och för pennan diagonalt uppåt åt höger en kort bit – men gå inte över mittlinjen. Utan att lyfta pennan fortsätter du med en längre diagonal linje nedåt och åt höger. "Toppen" på denna inverterade "V"-form ska inte ligga i mitten.

SKRIV　Börja med att rita detta tecken i de stora rutorna nedan.

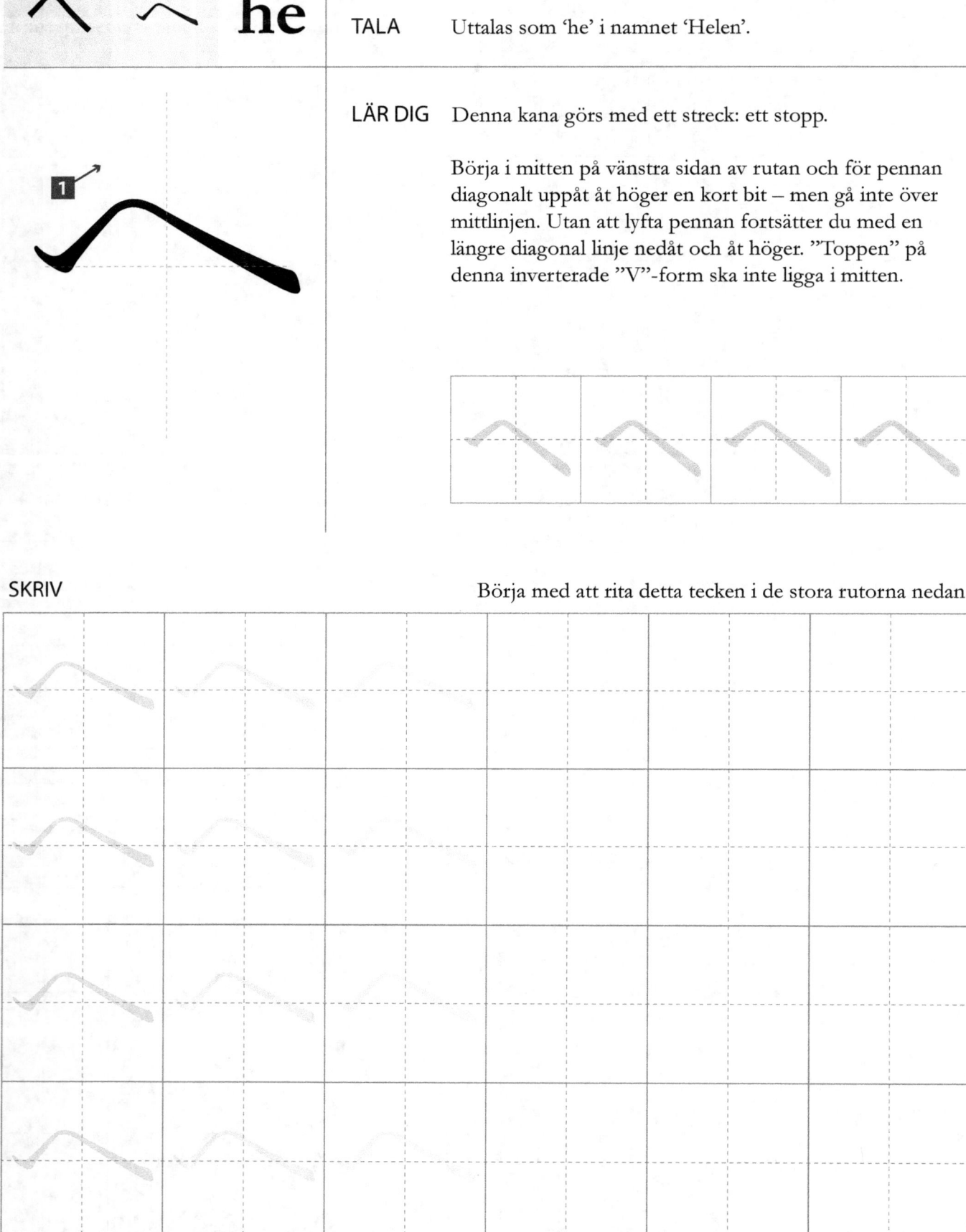

70

ÖVA

ほ ほ **ho**

Uttalas som 'ho' i ordet 'hotel'.

LÄR DIG   Denna kana har fyra streck: hopp–toning, stopp, stopp, slingrande stopp.

Precis som med de första strecken i は, に och け, börja med en böjd vertikal linje som avslutas med en hane. Det andra och tredje strecket är korta parallella linjer i övre högra delen. Ditt sista streck ska börja på den andra linjen – var noga med att inte börja ovanför den. För pennan nedåt genom det tredje strecket och avsluta med en ögla tillbaka över linjen åt höger.

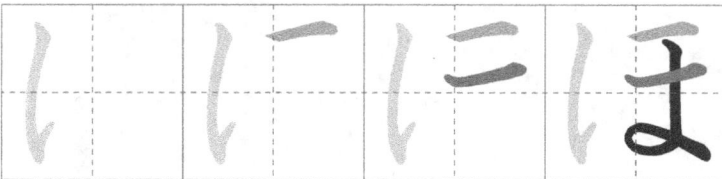

SKRIV   Börja med att rita detta tecken i de stora rutorna nedan.

ÖVA

Öva nu i dessa uppsättningar av mindre rutor.

73

ま　ま　ma

Uttalas som 'ma' i ordet 'marknad'.

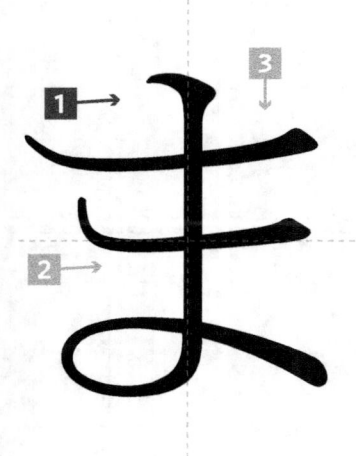

LÄR DIG   Ritas med tre streck: stopp, stopp, slingrande stopp.

Börja med att rita parallella horisontella linjer, båda från vänster till höger. Den första ska vara något längre än den andra. Ditt tredje streck börjar uppifrån, skär genom de två första strecken och avslutas med en ögla längst ner. Nyckeln till att rita denna kana korrekt är att inte göra de första strecken för långa, men ändå något bredare än öglan i slutet.

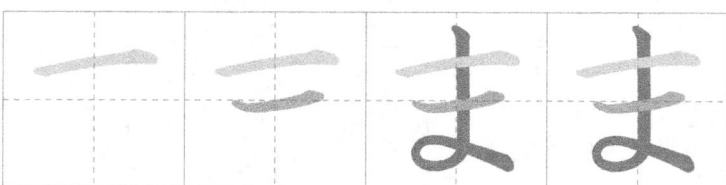

SKRIV   Börja med att rita detta tecken i de stora rutorna nedan.

74

Öva nu i dessa uppsättningar av mindre rutor.

み み **mi**

LÄR DIG   Ritas med två streck: ett långt slingrande stopp och en toning.

Börja ditt första streck med en kort horisontell linje, för sedan pennan nedåt och åt vänster. Utan att lyfta pennan från pappret, gör en ögla längst ned och avsluta strecket med en båge åt höger. Ditt andra streck är en kurva som rör sig nedåt och åt vänster och skär igenom bågen från det första strecket. Lyft pennan från pappret med en snabb rörelse i slutet för att tona ut strecket.

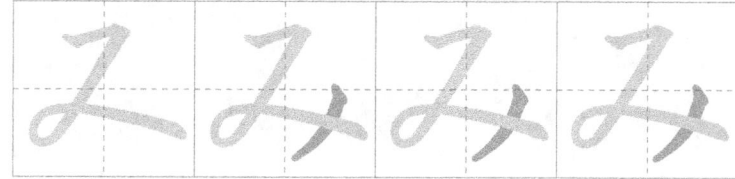

SKRIV   Börja med att rita detta tecken i de stora rutorna nedan.

Öva nu i dessa uppsättningar av mindre rutor.

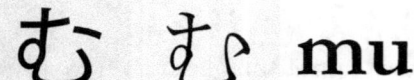 **mu**

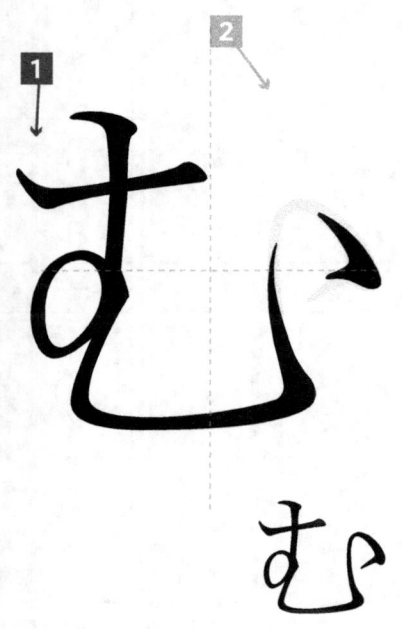

LÄR DIG   Rita denna kana med tre streck: stopp, slingrande toning, stopp.

Vi börjar rita denna kana på ett liknande sätt som す, med en horisontell linje på vänstra sidan av rutan. Det andra strecket börjar upptill och dras ned genom det första strecket och bildar sedan en ögla under mitten. Håll pennan mot pappret efter öglan, rita nedåt, tvärs över åt höger och sedan tvärt uppåt. Stanna innan du når lika högt som det första strecket. Avsluta med en kort sned linje.

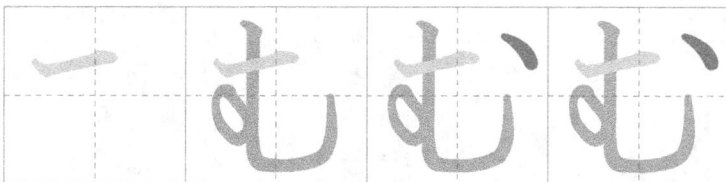

SKRIV   Börja med att rita detta tecken i de stora rutorna nedan.

ÖVA

Öva nu i dessa uppsättningar av mindre rutor.

 **me**

LÄR DIG   Denna kana ritas med två streck: stopp, lång toning.

Vi skriver detta på ett liknande sätt som め, men utan en ögla i slutet. Först ritar du den böjda diagonala linjen nedåt och åt höger. Det andra strecket börjar på ungefär samma höjd som det första men böjer sig åt motsatt håll. Fortsätt detta streck i en stor cirkulär rörelse och lyft pennan från pappret i slutet med en snabb rörelse. Försök att matcha mellanrummen mellan linjerna för att skapa ett korrekt

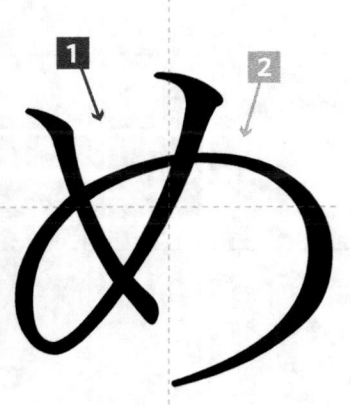

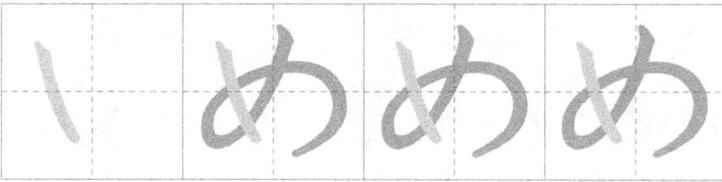

SKRIV   Börja med att rita detta tecken i de stora rutorna nedan.

ÖVA

も　も **mo**

Uttalas som 'mo' i ordet 'morgon'.

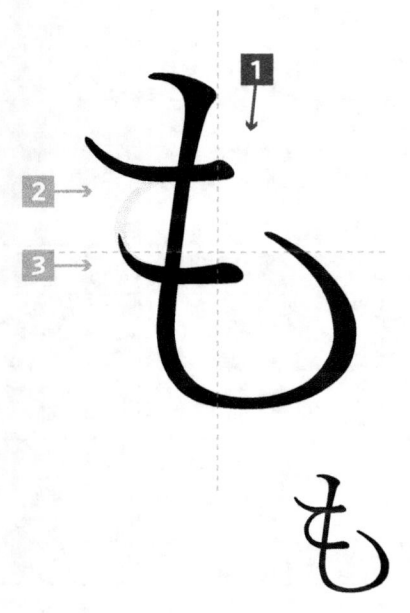

LÄR DIG　Detta kana har tre streck: lång fade, stop, stop.

Precis som hiraganat し, börjar vi med att rita formen av en fiskekrok och avslutar med en pennflick när linjen böjer sig runt. Ditt andra och tredje streck är två parallella, horisontella linjer som korsar det första strecket. I vissa typsnitt kan det andra och tredje strecket också vara sammanbundna, vilket visas i den mindre bilden till vänster.

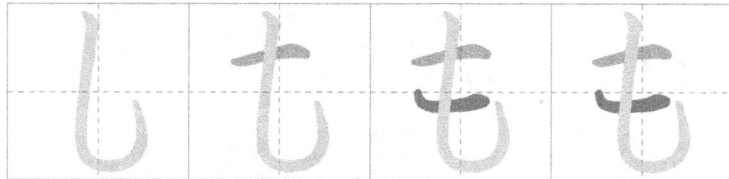

SKRIV　Börja med att rita detta tecken i de stora rutorna nedan.

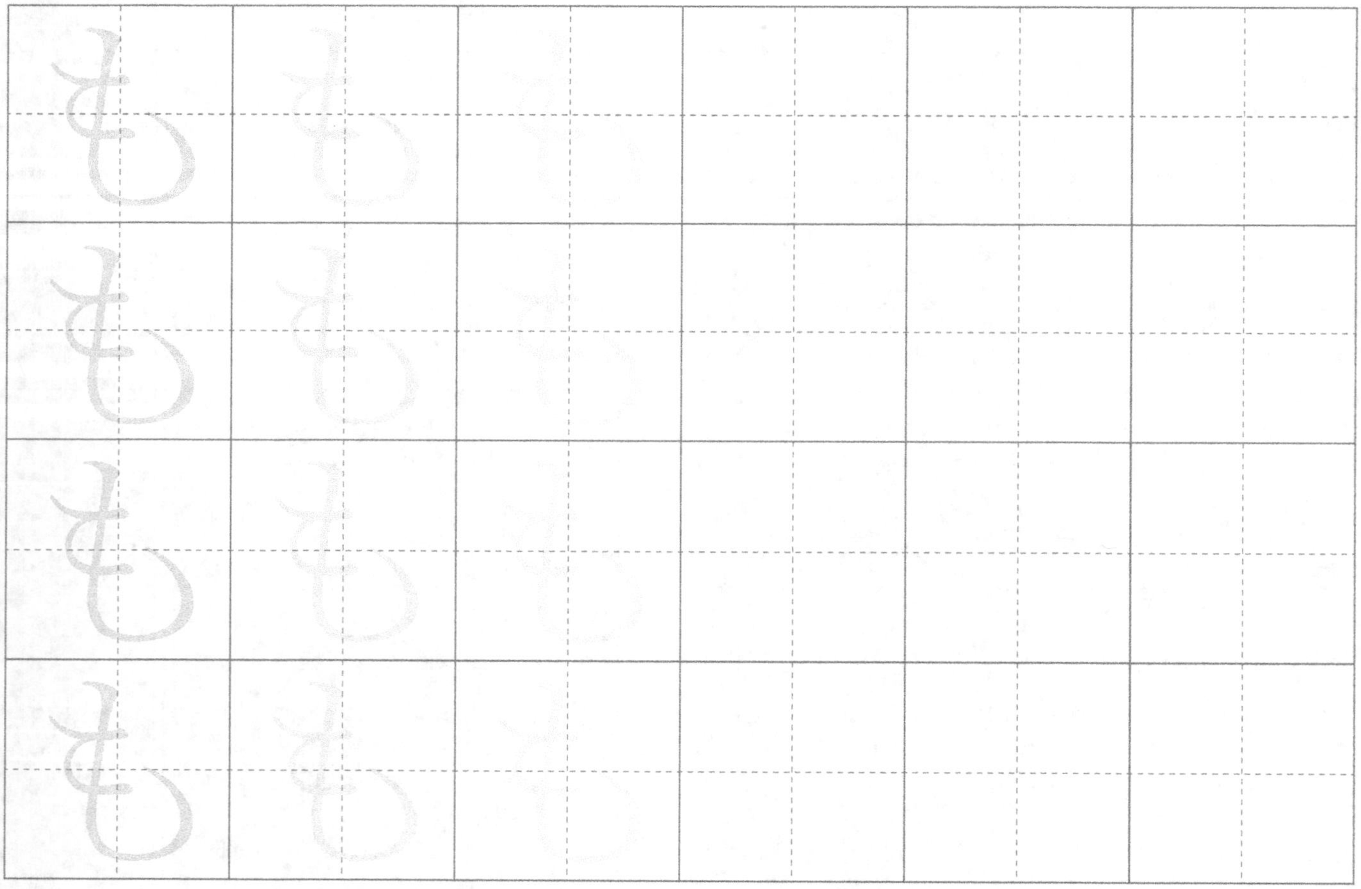

ÖVA

Öva nu i dessa uppsättningar av mindre rutor.

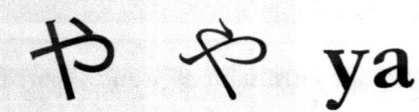

や や ya

TALA Uttalas som 'ja' i ordet 'jakt'.

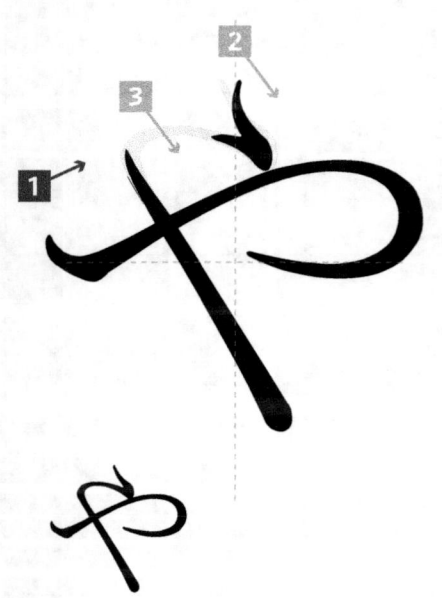

LÄR DIG Rita detta kana med tre streck: fade, hopp, stopp.

Ditt första streck börjar som en grund diagonal linje uppåt åt höger innan det böjer sig tillbaka. Det andra strecket är en kort linje upptill nära mitten. Det tredje och sista strecket är en längre diagonal linje från övre vänster till nedre höger – den ska korsa det första strecket ungefär en tredjedel in från vänster. I vissa typsnitt kan streck 2 och 3 vara sammanbundna, vilket visas i den mindre bilden till vänster.

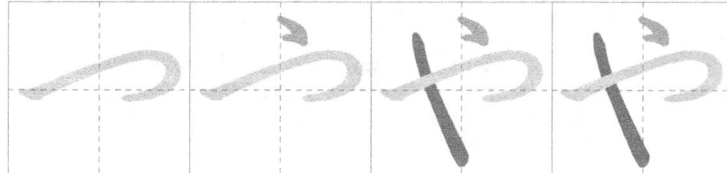

SKRIV

Börja med att rita detta tecken i de stora rutorna nedan.

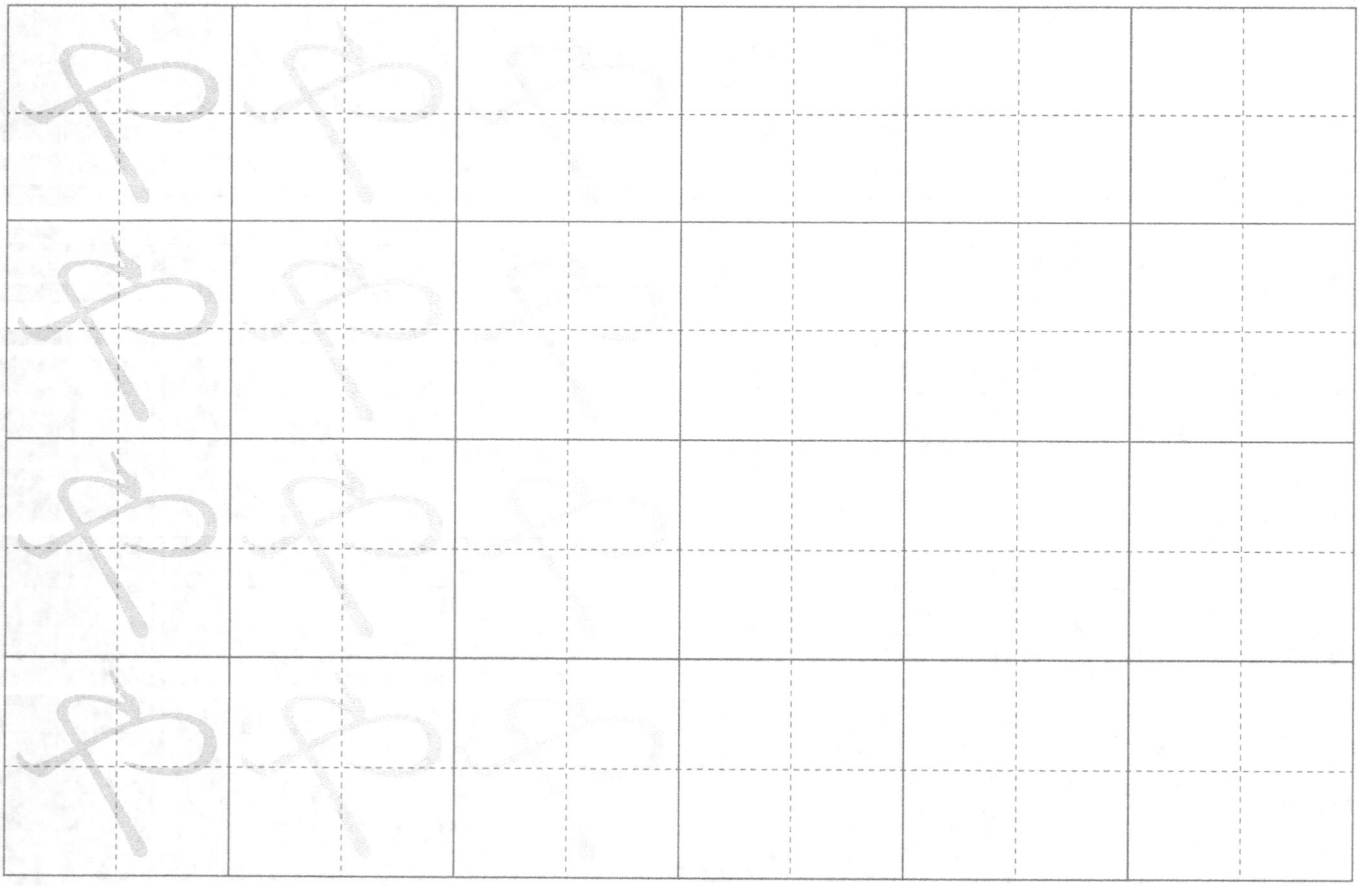

Öva nu i dessa uppsättningar av mindre rutor.

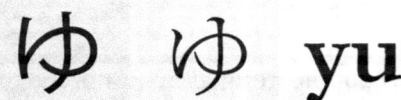

ゆ ゆ yu

TALA Uttalas som 'yu' i ordet 'yoga'.

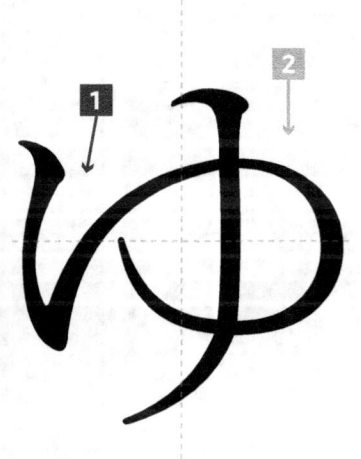

LÄR DIG Detta kana ritas med två streck: fade, fade.

Börja med en lätt böjd linje nedåt innan du för den uppåt en aning igen. Utan att lyfta pennan från pappret fortsätter du med en stor böj som nästan sluter sig som en cirkel. Ditt andra streck är en vertikal linje som böjer sig nedåt åt vänster och skär igenom den stora bågen från det första strecket. Avsluta genom att lyfta pennan mjukt från pappret så att linjen tonas ut.

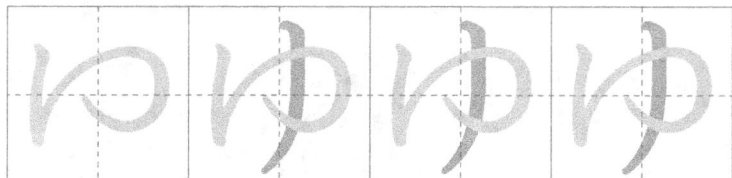

SKRIV

Börja med att rita detta tecken i de stora rutorna nedan.

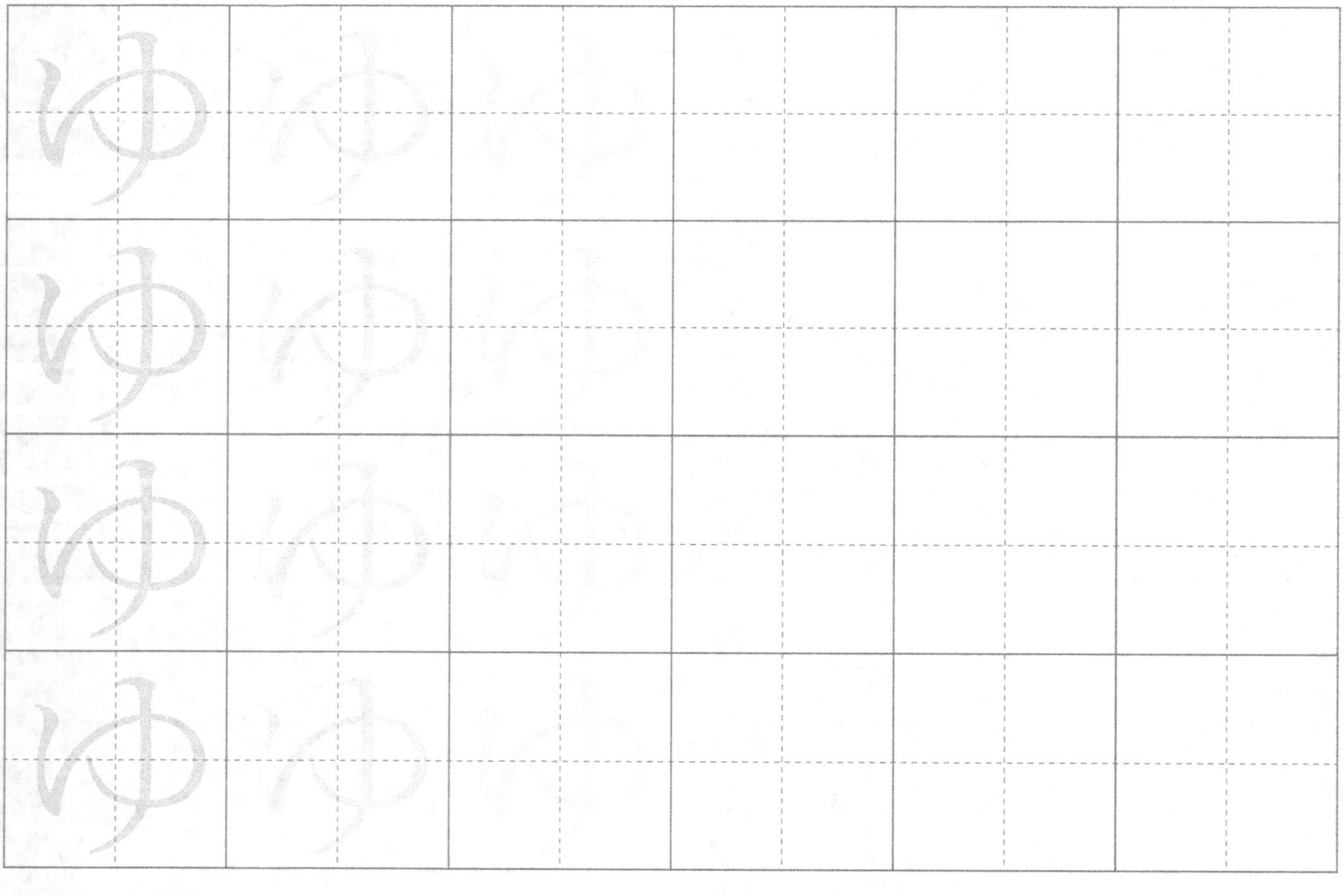

Öva nu i dessa uppsättningar av mindre rutor.

 **yo**

Uttalas som 'yo' i ordet 'yoga'.

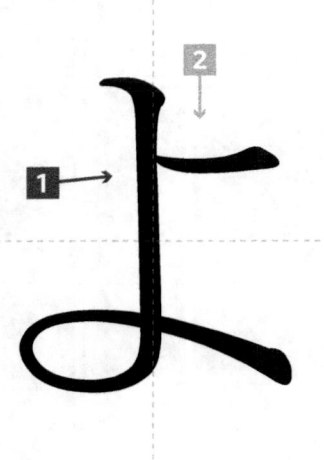

LÄR DIG   Detta kana ritas med två streck: jump fade, stop.

Det första strecket är en kort horisontell linje som börjar i mitten och dras ut mot höger. Ditt andra streck börjar som en vertikal linje från den övre mitten av rutan och dras ned mot botten innan det avslutas med en liten ögla över sig självt och stannar nere till höger. Undvik att göra en pennflick här – detta är ett stoppstreck.

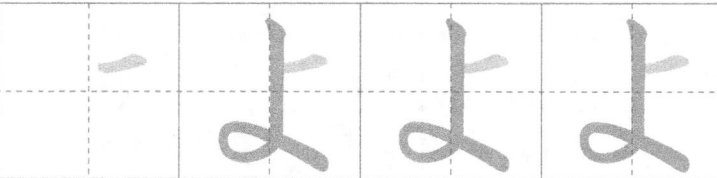

SKRIV   Börja med att rita detta tecken i de stora rutorna nedan.

Öva nu i dessa uppsättningar av mindre rutor.

ら　ら　**ra**

LÄR DIG   Detta kana ritas med två streck: jump och en lång fade.

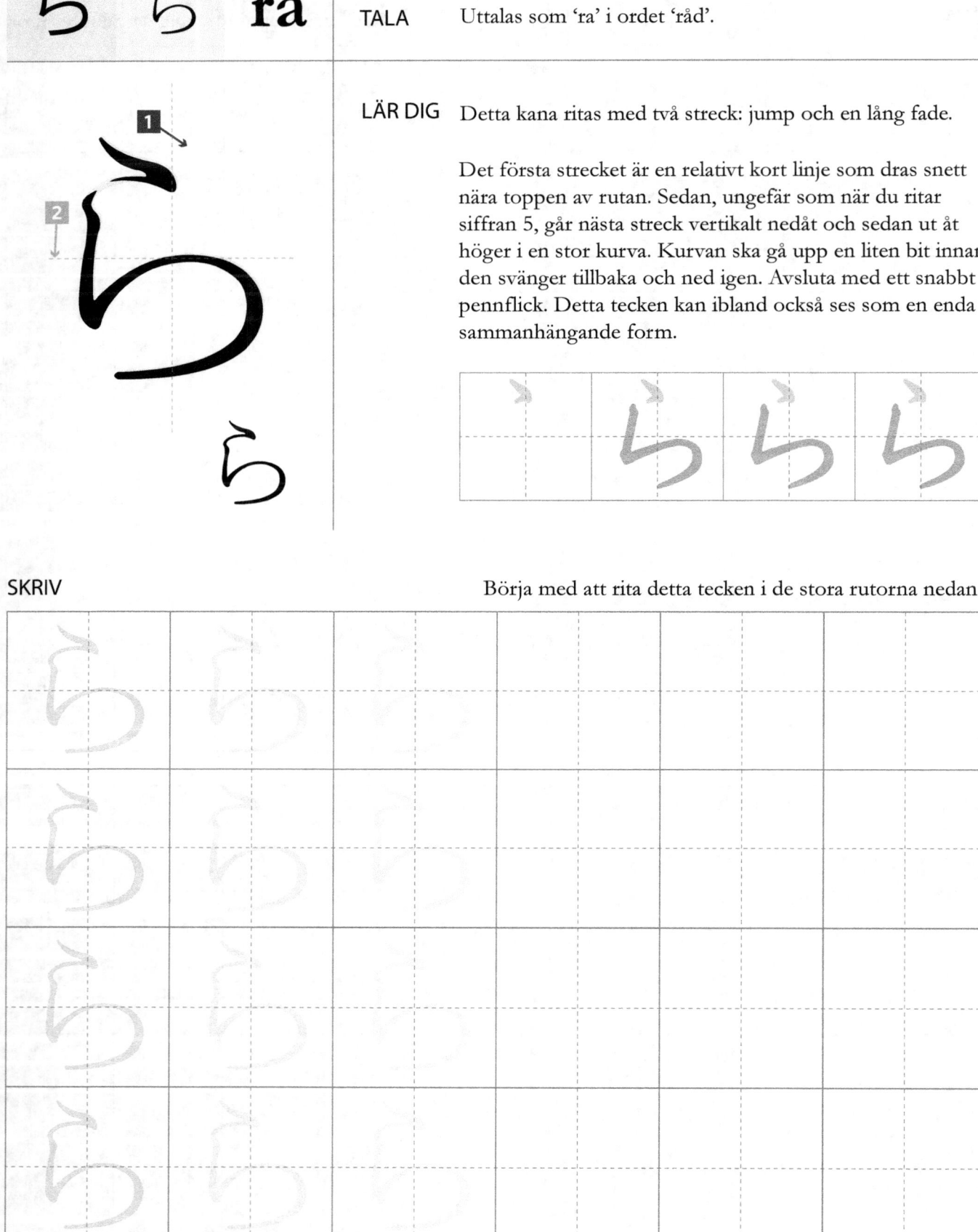

Det första strecket är en relativt kort linje som dras snett nära toppen av rutan. Sedan, ungefär som när du ritar siffran 5, går nästa streck vertikalt nedåt och sedan ut åt höger i en stor kurva. Kurvan ska gå upp en liten bit innan den svänger tillbaka och ned igen. Avsluta med ett snabbt pennflick. Detta tecken kan ibland också ses som en enda sammanhängande form.

SKRIV   Börja med att rita detta tecken i de stora rutorna nedan.

Öva nu i dessa uppsättningar av mindre rutor.

り　り　**ri**

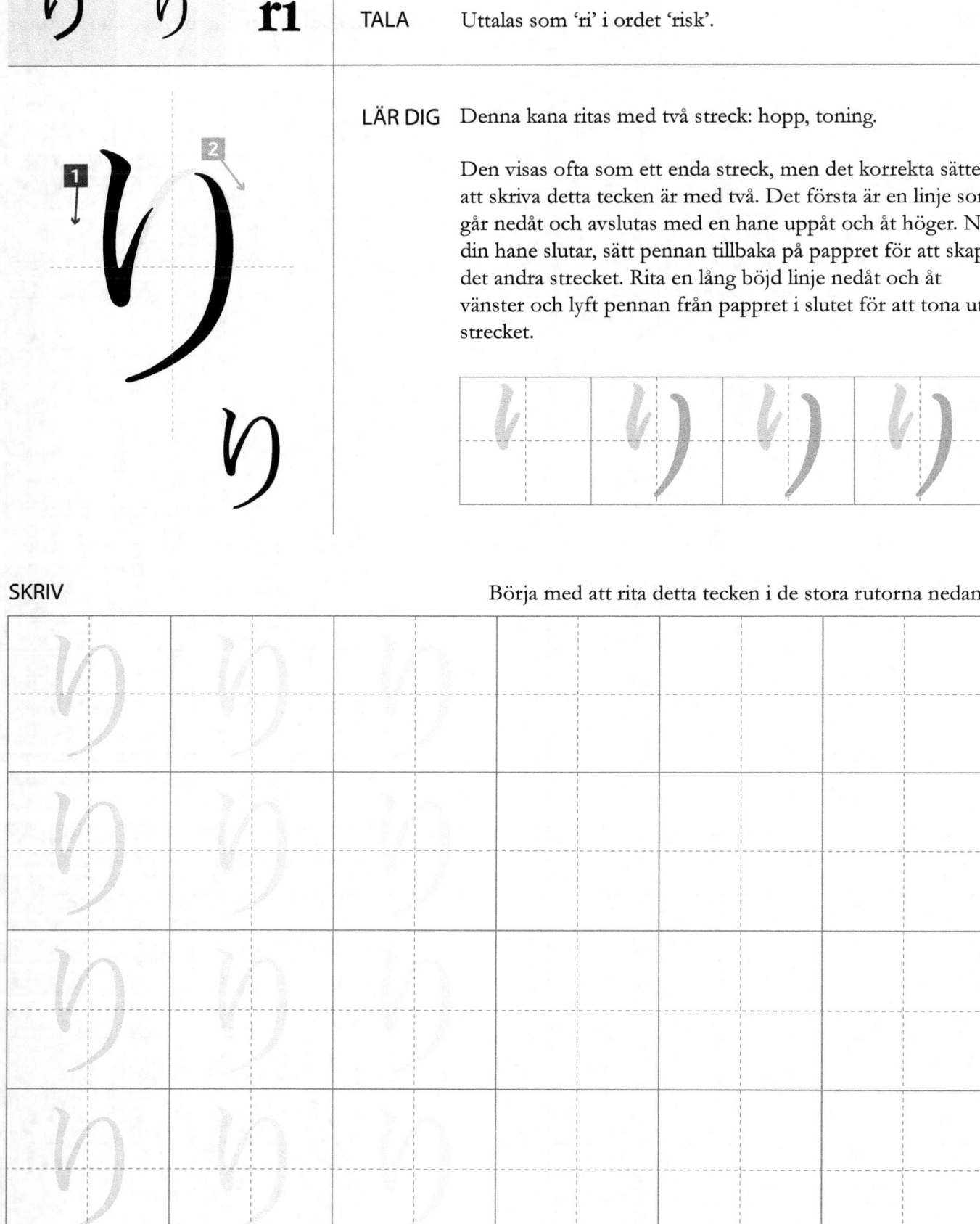

TALA　Uttalas som 'ri' i ordet 'risk'.

LÄR DIG　Denna kana ritas med två streck: hopp, toning.

Den visas ofta som ett enda streck, men det korrekta sättet att skriva detta tecken är med två. Det första är en linje som går nedåt och avslutas med en hane uppåt och åt höger. När din hane slutar, sätt pennan tillbaka på pappret för att skapa det andra strecket. Rita en lång böjd linje nedåt och åt vänster och lyft pennan från pappret i slutet för att tona ut strecket.

SKRIV　Börja med att rita detta tecken i de stora rutorna nedan.

ÖVA

Öva nu i dessa uppsättningar av mindre rutor.

る　る　**ru**

Uttalas som 'ru' i ordet 'rull'.

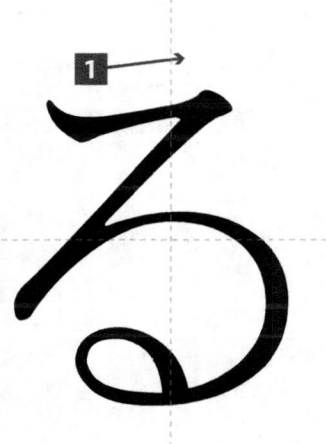

LÄR DIG　Denna kana ritas med ett streck: ett långt böjt sicksackstopp.

Detta enkelstreckstecken börjar med en liten horisontell linje från vänster till höger innan det vänder och går nedåt åt vänster med ett längre streck. Utan att lyfta pennan, följ linjen tillbaka upp en bit och skapa sedan en stor cirkulär ögla med en annan, mycket mindre ögla i slutet. Den minsta öglan ska inte gå över eller bortom din linje, utan istället avslutas ovanpå den.

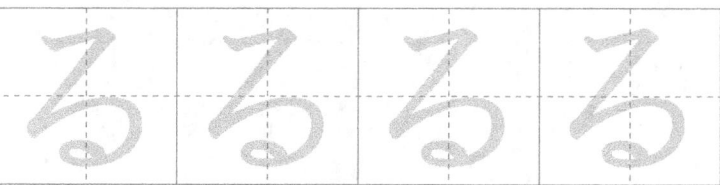

SKRIV　Börja med att rita detta tecken i de stora rutorna nedan.

94

Öva nu i dessa uppsättningar av mindre rutor.

れ れ **re**

Uttalas som 're' i ordet 'resa'.

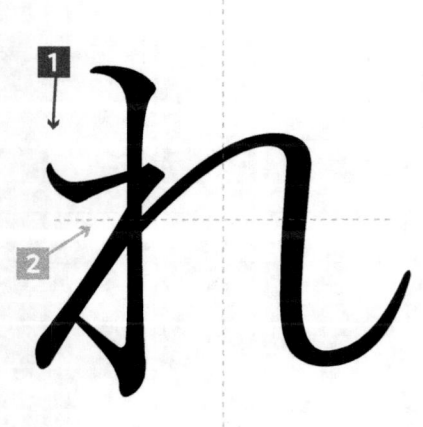

LÄR DIG   Ritas med två streck: ett stopp och en sicksacktoning.

Börja med en vertikal linje uppifrån och ned – denna kana görs med endast två streck. Det andra strecket börjar med en ganska kort horisontell linje tvärs över det första, innan det går diagonalt nedåt åt vänster och korsar den vertikala linjen en gång till. Utan att lyfta pennan, följ linjen tillbaka uppåt och rita sedan en hög vågform åt höger. Vid toppen, rita nedåt och böj utåt och uppåt åt höger, och avsluta med en snabb rörelse.

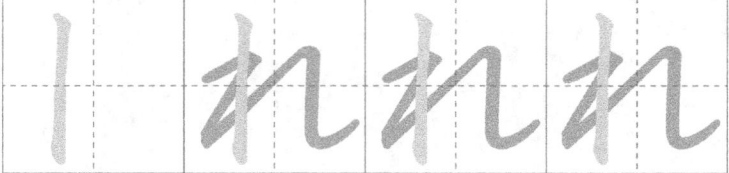

SKRIV   Börja med att rita detta tecken i de stora rutorna nedan.

ÖVA

ろ ろ **ro**

TALA Uttalas som 'ro' i ordet 'ros'.

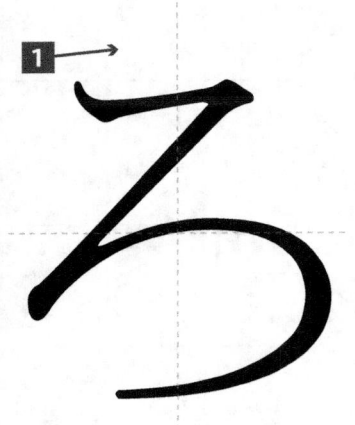

LÄR DIG Denna kana ritas med ett streck: sicksacktoning.

Vi skriver på ungefär samma sätt som ろ, men utan en ögla i slutet. Börja med en ganska kort horisontell linje från vänster till höger, följ sedan med en diagonal linje nedåt och tillbaka åt vänster. Följ linjen uppåt en bit och avsluta strecket genom att göra den stora kurvan utåt åt höger och tillbaka in – allt i en jämn rörelse, avsluta med en snabb rörelse bort från pappret.

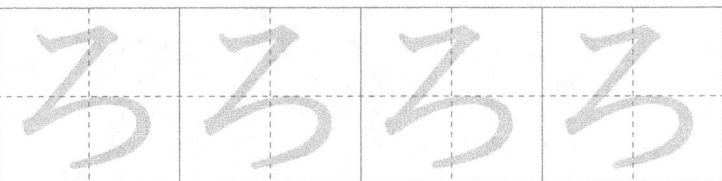

SKRIV

Börja med att rita detta tecken i de stora rutorna nedan.

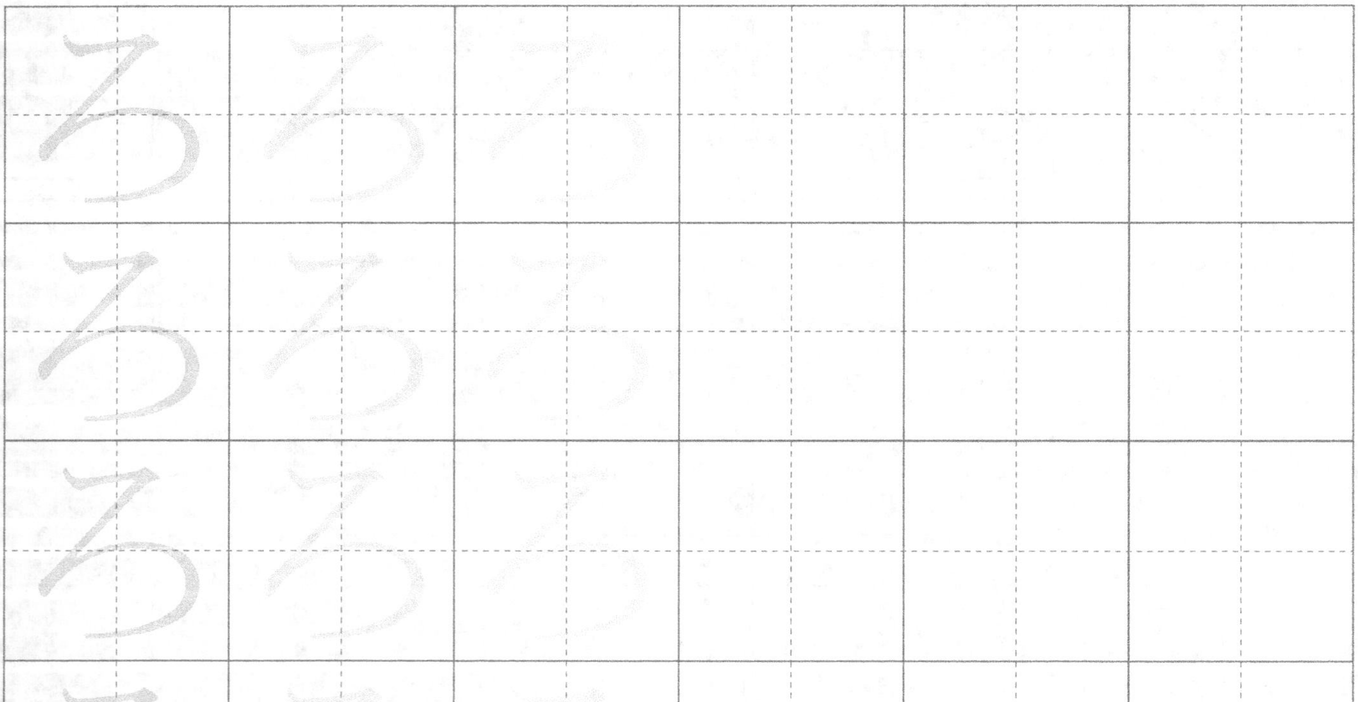

ÖVA

Öva nu i dessa uppsättningar av mindre rutor.

わ わ **wa**

TALA   Uttalas som 'wa' i ordet 'water' (engelskt lånord i svenska) eller 'vagnen' utan g-ljudet).

LÄR DIG   Denna kana ritas med två streck: stopp, sicksacktoning.

Börja med det vertikala strecket uppifrån och ned, till vänster om mitten, och avsluta med en hane uppåt och åt vänster. Ditt andra streck passerar över det första och går sedan diagonalt nedåt åt vänster och skär igenom det första strecket en gång till. Avsluta detta streck genom att rita den stora kurvan utåt åt höger och tillbaka runt, och tona ut den i slutet med en snabb rörelse.

SKRIV   Börja med att rita detta tecken i de stora rutorna nedan.

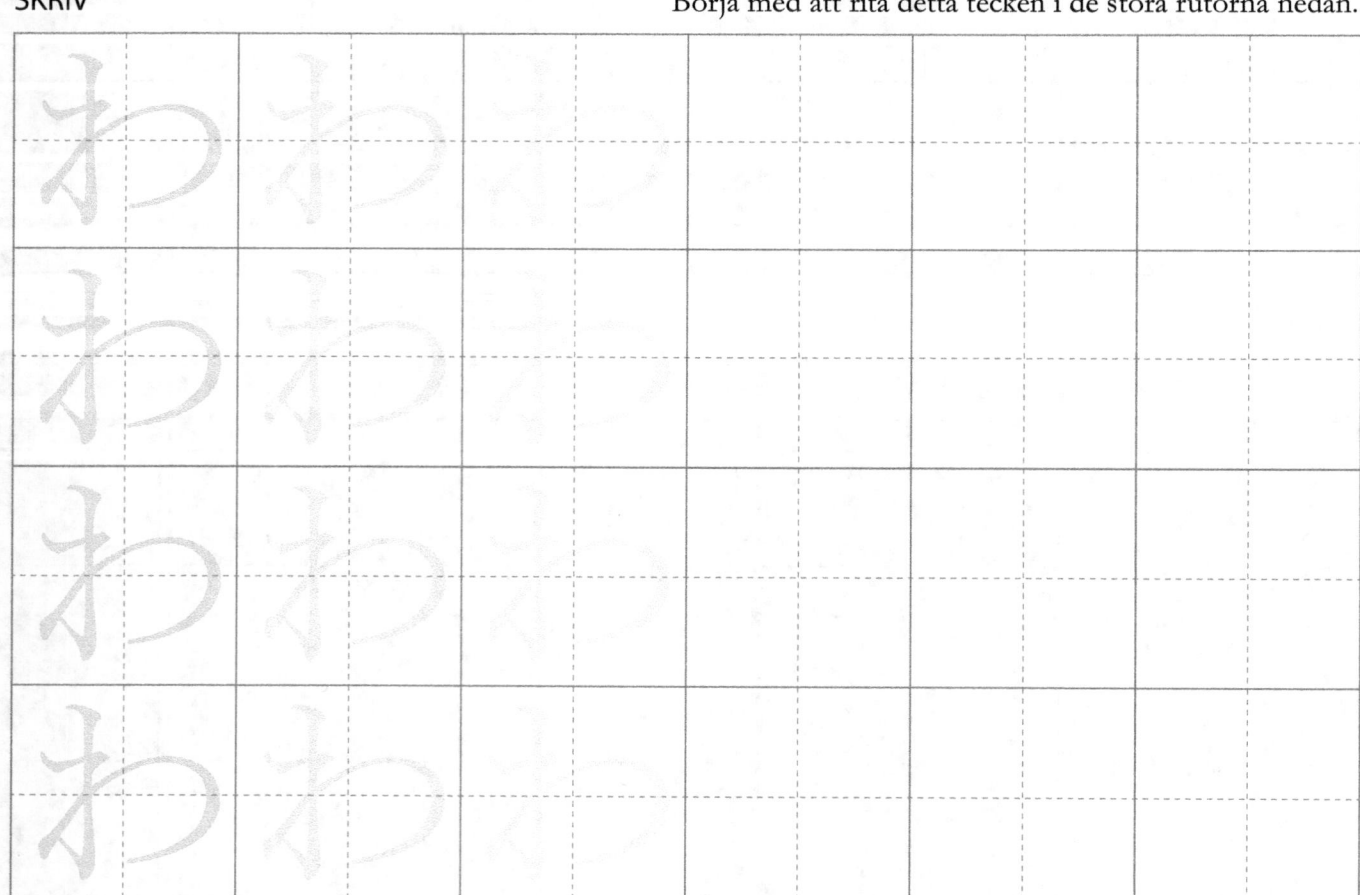

Öva nu i dessa uppsättningar av mindre rutor.

を を wo*

Uttalas som 'o' i ordet 'olja', där 'w' är tyst.

LÄR DIG Ritas med tre streck; alla avslutas med ett stopp.

Det första strecket är en horisontell linje från vänster till höger. Det andra strecket börjar som en diagonal linje som korsar det första, innan det svänger uppåt och sedan nedåt igen. Det ska sluta något lägre än punkten där pennan svängde. Det tredje strecket är en kurva som börjar på höger sida, ovanför mittlinjen, och skär genom slutet av det andra strecket. Det går sedan ned mot nedre högra delen av rutan och avslutas med ett stopp.

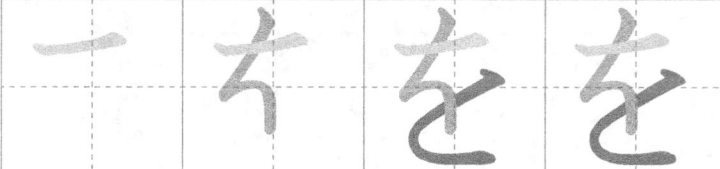

Ovanligt kana, används som en partikel.

SKRIV Börja med att rita detta tecken i de stora rutorna nedan.

Öva nu i dessa uppsättningar av mindre rutor.

ん ん **n**

Uttalas som 'n' i ordet 'änk'

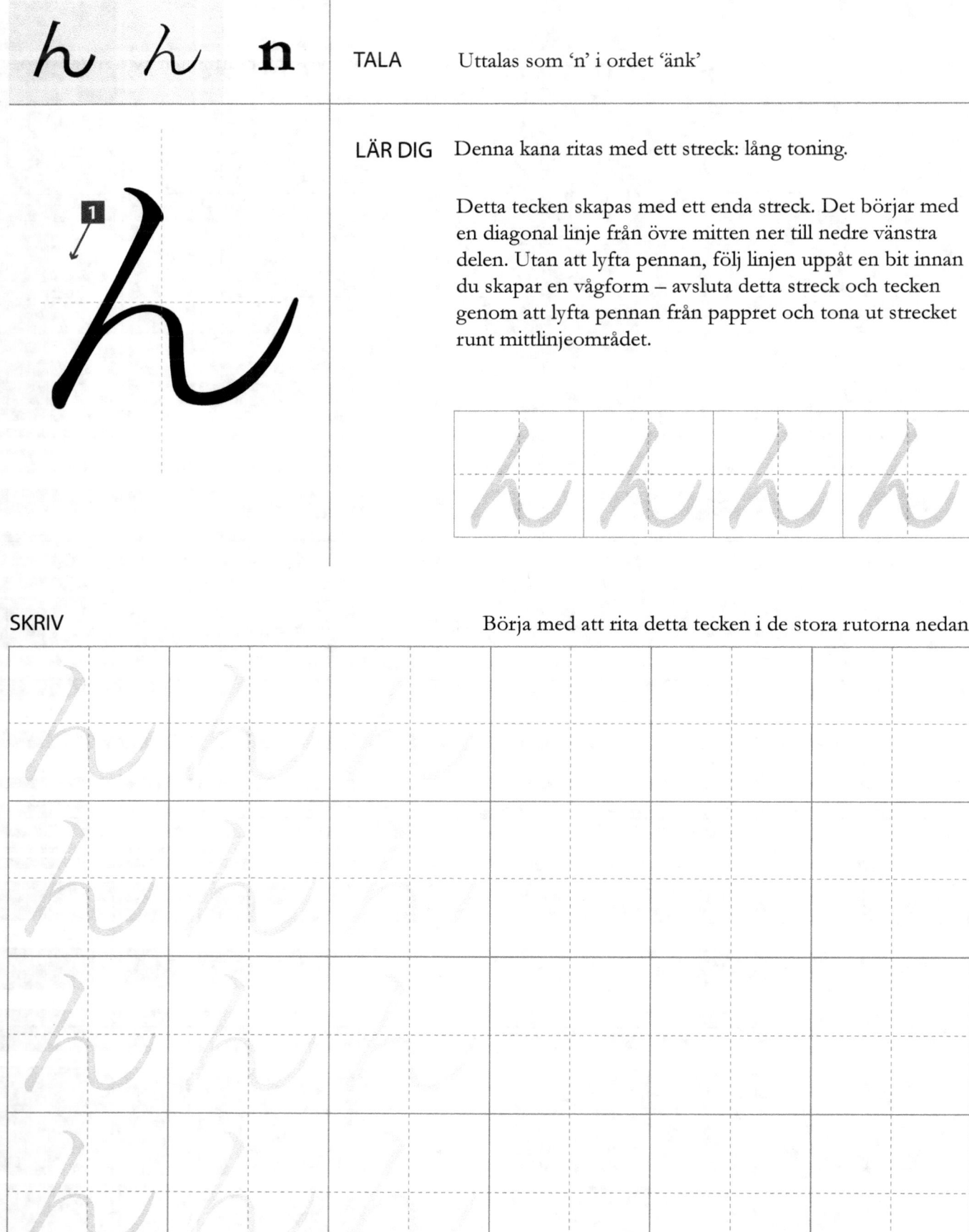

LÄR DIG Denna kana ritas med ett streck: lång toning.

Detta tecken skapas med ett enda streck. Det börjar med en diagonal linje från övre mitten ner till nedre vänstra delen. Utan att lyfta pennan, följ linjen uppåt en bit innan du skapar en vågform – avsluta detta streck och tecken genom att lyfta pennan från pappret och tona ut strecket runt mittlinjeområdet.

SKRIV Börja med att rita detta tecken i de stora rutorna nedan.

ÖVA

Öva nu i dessa uppsättningar av mindre rutor.

DEL 3

GENKOUYOUSHI

GRID PAPER FOR FURTHER ÖVA

DEL 4

FLASHKORT

KOPIERA ELLER
KLIPP UT OCH SPARA

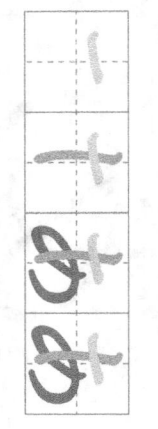

a

Uttalas som 'a' i ordet 'kaka' men lite kortare.

i

Uttalas som 'i' i ordet 'fisk'.

u

Uttalas som 'o' i ordet 'sko'.

e

Uttalas som 'ä' i ordet 'färg'.

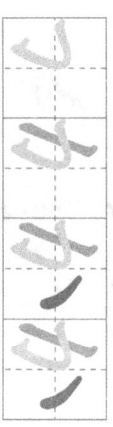

o

Uttalas som 'å' i ordet 'båt'.

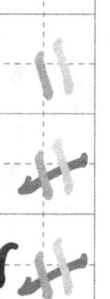

ka

Uttalas som ordet 'ka' – som i 'kaka', men utan 'r'-ljudet.

ki

Uttalas som 'ki' i ordet 'kilo'.

ku

Uttalas som 'ko' i ordet 'kola'.

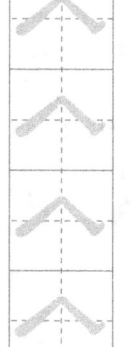

sa

Uttalas som 'sa' i ordet 'sallad'.

shi

Uttalas som 'shi' i ordet 'shiny'.

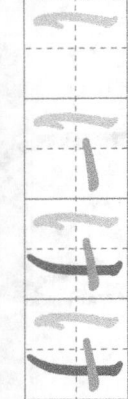
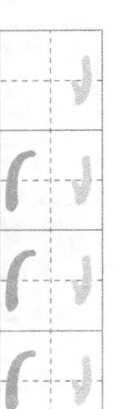
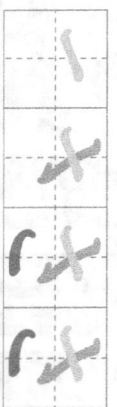
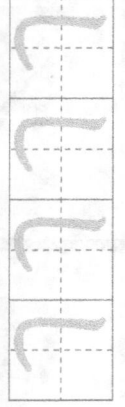

ke

Uttalas som 'ke' i namnet 'Kenneth'.

ko

Uttalas som 'ko' i ordet 'komma'.

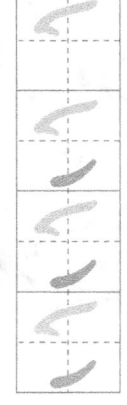
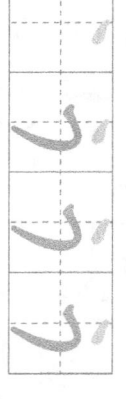

su
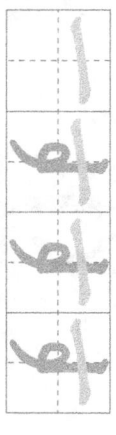
Uttalas som 'su' i ordet 'super'.

se

Uttalas som 'se' i ordet 'segel', men med mindre 'j'-ljud.

so
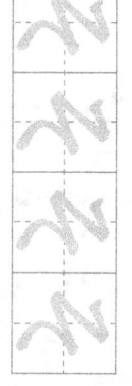
Uttalas som 'so' i ordet 'sol'.

ta
Uttalas som 'ta' i ordet 'tala'.

chi
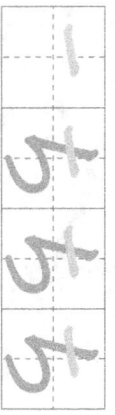
Uttalas som 'chi' i ordet 'chili'.

tsu

Uttalas som 'tsu' i ordet 'tsunami', där 't' nästan inte hörs.

te
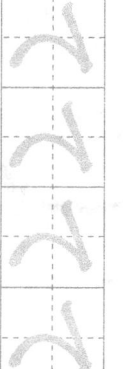
Uttalas som 'te' i ordet 'telefon'.

to
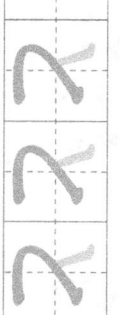
Uttalas som 'to' i ordet 'tomat'.

na

Uttalas som 'na' i ordet 'nalle'.

ni
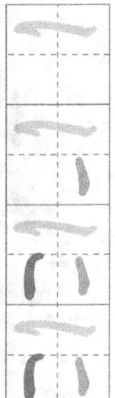
Uttalas som 'ni' i ordet 'nivå', men kortare.

nu

Uttalas som 'no' i ordet 'nolla', men kortare.

ne
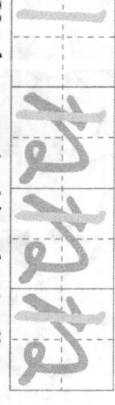
Uttalas som 'no' i ordet 'nolla', men kortare.

no

Uttalas som 'no' i ordet 'norr'.

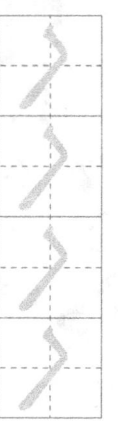

he

Uttalas som 'he' i namnet 'Helen'.

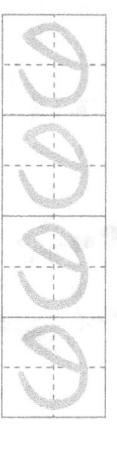

mu

Uttalas som 'mo' i ordet 'morgon'.

ha

Uttalas som 'ha' när man skrattar, som ha-ha.

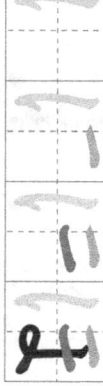

ho

Uttalas som 'ho' i ordet 'hotel'.

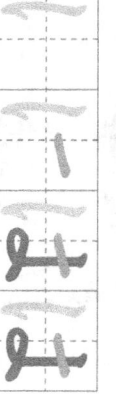

me

Uttalas som 'me' i ordet 'metall'.

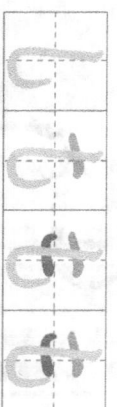

hi

Uttalas som 'he' i ordet 'helg'.

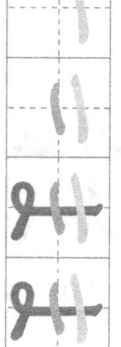

ma

Uttalas som 'ma' i ordet 'marknad'.

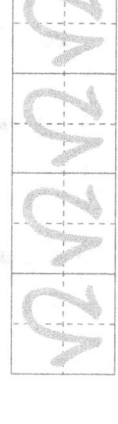

mo

Uttalas som 'mo' i ordet 'morgon'.

fu

Uttalas som 'ho' i ordet 'hon'.

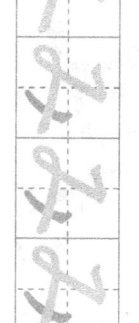

mi

Uttalas precis som 'me'.

ya

Uttalas som 'ja' i ordet 'jakt'.

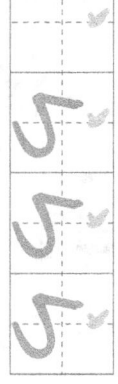

yu

Uttalas som 'yu' i ordet 'yoga'.

yo

Uttalas som 'yo' i ordet 'yoga'.

re

Uttalas som 're' i ordet 'resa'.

ri

Uttalas som 'ri' i ordet 'risk'.

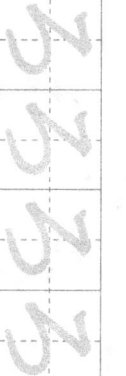

ra

Uttalas som 'ra' i ordet 'råd'.

ru

Uttalas som 'ru' i ordet 'rull'.

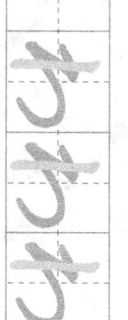

ro

Uttalas som 'ro' i ordet 'ros'.

wa

Uttalas som 'wa' i ordet 'water' (engelskt lånord i svenska) eller 'vagnen' utan g-ljudet).

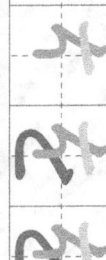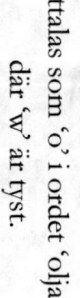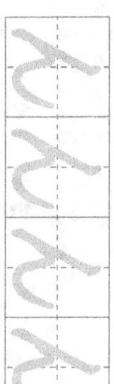

wo

Uttalas som 'o' i ordet 'olja', där 'w' är tyst.

n*

Uttalas som 'n' i ordet 'änk'

ありがとう

arigatou

Tack!

Tack för att du valde vår bok!

Du är nu väl på väg att lära dig läsa, skriva och tala japanska, och vi hoppas att du har haft glädje av vår Hiragana-övningsbok.

Om du har gillat att lära dig Hiragana med oss, skulle vi uppskatta om du berättade om dina framsteg i en recension!

Vi är alltid angelägna om att höra om det finns något vi kan göra för att förbättra våra böcker för framtida studenter. Vi strävar efter att erbjuda det bästa språkin-lärningsmaterialet! Tveka inte att kontakta oss via e-post om du har problem med något innehåll i denna bok:

hello@polyscholar.com

POLYSCHOLAR

www.polyscholar.com